U0015717

◆ 不用心想，一樣事成 ◆

放下的力量

｜修訂版｜

王永憲 加拿大自然醫學博士 —— 著

【推薦序】

問對問題的神奇魔力

在NLP的圈子裡面，我們非常的注重問問題的藝術。有一句話是這樣講的：

"The quality of your question determines the quality of your answer."

「問題的素質主宰著答案的素質。」

再講得白一點，你會「想」到什麼答案，全是因為你問自己的問題所致。好問題得好答案，爛問題得爛答案。

如果要幫一個不敢社交的人，問他：「為什麼你會不敢社交？」是很難幫到他的。很多人以為這問題能幫他了解問題的根源，但NLP的立場是：這問題只會讓當事人停留在過去，甚至是停留在一個虛構的過去。

一個人知道自己問題的根源，和能不能解決問題，是兩回事。甚至，有些人在知道自己問題的根源後，反而會合理化自己的問題，或更感無助。

針對這些人，NLP 認為問他們：「你過去有沒有曾經很自然的跟別人講話？」如果有的話，接下來的問題可能就是：「當時是怎樣的情況下你跟別人講話？你當時的感覺是什麼？」

如果對方記不起有自然跟人講話的體驗，我們就會問：「假設你能夠很自然就跟人講話，你認為你會有什麼感覺？」

如果對方回答：「我會很輕鬆吧。」這就是 NLP 執行師在輔導這位朋友時，要聽到的線索。接下來，我們就會再用問問題的方式幫他找出過去他「很輕鬆」的記憶。然後，再把這「很輕鬆」的狀態連接到他的社交中。

而王博士書中的情緒釋放術，就是利用問問題的技術來讓人達到「放下」的狀態，而且還是用簡單的三個問題來操作。但，大家不要誤會了「放下」，放下的意思不是如一厭世者，而是進入「無執」的境界。

厭世者是一個極端，他不是放下，是什麼都不要。另一個極端的一般凡夫俗子，就是一份的執著。而「放下」則是「無執」，無執就是自在。

在眾多的修行技術中，禪宗的修行也是最能彰顯無執、放下和自在，最不拘形式，也最活潑自在。

禪宗的修行有一門很奇特的方法來激發一個人思想上的突變和悟境，這套方法也是靠問問題，它叫做——「參話頭」。

簡單來說，師父會給徒弟一個問題，而徒弟就日以月繼，無時無刻的去想、去「參」這個問題。問題大概就如：「當你不思善、不思惡，那一刻你的真面目是什麼？」、「萬法歸一，一歸何處？」

這些問題都不是靠邏輯思考來求得答案，這些問題的目的也不是為了得到答案，而是為了啟動「恍然大悟」的狀態。

所以，這更證明了問問題的素質將會主宰答案的素質。

王博士書中的這三重問題，其實從 NLP 語言學上，是有其奧妙之處。一個接一個的問題，都是得寸進尺兼潛移默化的把你的狀態帶入「放下」的狀態。

第一個問題，是開啟「可能性」的問題，它讓你知道你是能放下的。但，可以放下不代表你要放下，所以第二個問題是開啟你的「要不要」。第三個問題則是假設了你是要放下，而問題只是什麼時候放下。

雖然這三個問句在本書裡只是基礎中的基礎，但經過三重策略性的問題來思考你的情緒或感受，你就已經為自己的潛意識鋪排了「放下」的結局。

只要有技巧，放下並不難。

——國際 NLP 鬼才大師／江健勇

【推薦序】

關於「放下」

在諸多宗教經典，甚至是禪門公案、新時代學說裡，都不約而同地、有形無形地，提到：要你「放下」（說不定，你也會在日常生活中，熱心好意地勸人要「放下」）！但真正的重點是，你知道什麼是「放下」？要如何「放下」？以及，你有機會「放下」嗎？

不論你是真的為「放不下」所苦惱，或是為還不會「放下」而困窘，那都不要緊。因為本書作者以過來人的身分，細述著他個人於「放下」之旅的學習與體會；再加上他個人多年鑽研於身心靈等諸多專業領域，有著與「放下」之間的奧妙啟發與深入聯想；不僅如此，為了讓讀者們更能理解本書所要闡揚的義理，頗具巧思地，作者還輔以古今中外的經典佳句與名人雋語，以及淺顯易懂、妙趣橫生的比喻或故事。

如此看來，本書的內容的確值得你一讀再讀；而書中章節裡所附帶的相關「放下」練習部分，更是本書超值之所在。一切就只等待著你的品味鑑賞；還有來自你將真實生活裡所碰到的「實例」，置於本書的「練習」之操作和親身體會。

我想，本書唯一的副作用，或許就是：當你能夠從此書「獲益」之時，當你學到從「能捨」，進而可以「有得」，那麼，你就會將此書視如珍寶，將之隨身攜帶，或時時翻閱，分享他人，而不會將此書給輕易地「放下」！

——華人 NLP 推廣教育中心（Taiwan NLP Center）訓練師／Hogan Lee

【推薦序】

釋放生命能量

路，難免有時走不過，抛開執著，轉個彎，柳暗花明；肩，難免有時太沈重，放下擔子，喘口氣，任重道遠；人生，難免有時遭挫折，脫掉束縛，退一步，海闊天空。生命原本就是一連串精采的課程，有著各種起伏與變化，能夠掌握放下的要領，無疑是在當今快速變遷的社會下與緊張的生活步調中，過得自在與獲得成功不可或缺的要素。

但是，放下的道理說來容易做來卻不簡單，尤其是身處問題核心的當事者，往往無法看清真相、釐清原由、順利脫身。而且，放下應該是力量的凝聚、是機會的誕生、是內在潛能的發揮，而不是無力退卻，更不是絕望放棄。因此，如何放下實在是大智慧啊！難得看到王博士所著作的《放下的力量》，正是針對現代人的需要，協助人們找到放下的方法、發揮放下的力量的最佳行動指南。

大多數人成長的歷程中，不論是來自內在或外在的因素，往往不斷為自己套上了一層又一層的框架，成為有形或無形的束縛。不但限制了我們的潛力，折損了我們的天分，更使人承受了許多不必要的痛苦與負擔，甚至造成身心的傷害。王博士的書，以獨到的剖析力，幫助人們覺察到內在身心的變化，尋找到困擾的根源。更可貴的是，他提出了一些解決問題的具體方法，使讀者得以循著各種步驟，拋開不必要的抗拒、深入情緒的核心、化解內在的對立，進而掌握到「快速放下的絕招」，可以說相當具有實用價值。

本書不但闡明了放下人生阻力的方法，更希望告訴人們如何藉此找到心中的渴望，並將它變成可以實踐的決定，進而使生命內在的企圖得以實現，甚至達到心想事成的境界。因此，不論您是想放下身心上的負擔，或是更積極地追求實現生命價值的方法，這本《放下的力量》，都值得推薦給大家參考。

龍合骨科診所院長、台大醫學院附設醫院骨科部教學兼任主治醫師／游敬倫

目錄

【推薦序】問對問題的神奇魔力／江健勇 3
【推薦序】關於「放下」／Hogan Lee 6
【推薦序】釋放生命能量／游敬倫 8
【作者序】放下，是窺探宇宙實相的大門 14
引言 18

ch1 創造，從放下開始 21

ch2 放下的基本練習 31
2-1 難以放下的癥結 32
2-2 放下，先從接納開始 41
2-3 欣然接受 45
2-4 放下的三問句 49

ch 3

喜悅與成長 55

3-1 真正的快樂 56
3-2 追尋喜悅的兩種方法 60
3-3 身心靈成長的三個階段 64
3-4 不同階段，需要不同方法 70

ch 4

抗拒與逃避 75

4-1 想要搞懂問題 76
4-2 抗拒變得更好 84
4-3 放下「抗拒」的自我練習 89
4-4 放下對現實的抗拒 93
4-5 逃避 98
4-6 判讀身體訊息，協助放下情緒 103

ch 5

進階的放下技巧

進階的放下技巧 107
5-1 潛入問題的核心 108
5-2 放下對立的「正負對衝法」 123

ch 6

放下「我」

放下「我」 123
6-1 「我」的形成 124
6-2 四個層級①：合一與分離 135
6-3 四個層級②：控制與不被控制 138
6-4 四個層級③：認同與不被認同 141
6-5 四個層級④：安全感／生存與死亡 144
6-6 快速放下的大絕招 147
6-7 沒有你的故事，你是誰？ 150

ch 7

關於「放下」技巧的迷思與疑問

關於「放下」技巧的迷思與疑問 153

ch 8

不用心想，一樣事成 171

8-1 你真正認識「心想事成」了嗎？ 175
8-2 心想事成的放下技巧 179
8-3 心想事不成？你放下衝突意圖了嗎？ 186
8-4 更有效地心想事成！ 192
8-5 複習：搭配四個欲望組合的深層釋放 195
8-6 總結 198

附錄一　情緒釋放技巧 201
附錄二　王永憲博士的量子轉化系列課程簡介 204
【放下之後】「不用心想，一樣事成」的神奇技巧 214

【作者序】

放下，是窺探宇宙實相的大門

早在吸引力法則還未盛行之前，當時仍就讀醫學院的我，就已經窺見它的神奇之處了。

在多倫多唸書時，因為人生地不熟，多半待在宿舍裡。幸好當時的好友Tim很照顧我，大部分的休閒時光都靠他載著我到處遊山玩水。有一天我的電腦壞了，學生時期又沒什麼錢，心想：「如果有認識的人在賣電腦該有多好！這樣我就可以用比較便宜的價錢買到電腦了。」不久之後，Tim就跟我說，他找到一份賣電腦的業務工作了。於是我得以用非常優惠的員工價買到心目中頂級裝備的電腦。

由於Tim忙於工作，於是接下來的兩個月，我只能宅在宿舍裡，這下子我又悶了。心裡又默默浮現一個念頭：「如果Tim可以來帶我出去玩，那該有多好！」沒想到，幾天後，Tim又跑來跟我說，他不幹了。於是我們又開始到處吃吃喝喝。

這只是一個開始，後來我發現，包括房子、車子、工作，都可以運用吸引力法則得以實現。這些大小案例在我生命中真的不勝枚舉。

然而，我發現在這樣的運用過程中，總是會有漏洞。有了這個東西，就會再想要其他的；或是獲得了一個賺錢的機會，原有的其他收入卻會出問題。我驚覺，運用了所謂的吸引力法則，我並沒有比較快樂，甚至為我的生命帶來了莫大的痛苦。幸虧醫學院的求學過程，將我培養成一個追求實務、技術與成效的人，於是我開始一頭栽進身心靈的領域，希望藉此尋找出有效果的方法與答案。

我不斷地學習，從命理、占卜、心理學，到催眠、NLP（Neuro-Linguistic Programming的縮寫，中文譯為「神經語言程式學」），也涉及傳統宗教與新時代（New Age）思想等等。在學習的過程，我發現「情緒」在身心靈中扮演著非常重要的角色，於是有了《不開心，當然會生病》這本書。

但是當我以為釋放負面情緒就是答案，我的成長之旅得以喘息之時，沒想到生命又出現了更艱難的挑戰。這過程曾經讓我憤怒得想要殺掉某些人，也曾經絕望到想結束自己的生命。這也促使我繼續踏上更遠的身心靈成長之路。

我接觸到不同派別的放下技巧，透過整合以及不斷地使用與練習，終於有機會窺探到這宇宙真理的樣貌。最終，我發現，不管用什麼技巧得到了什麼，我真正想要的東西一直是很簡單的：一個快樂以及平順天然的人生。我想，這對每個人都很重要。並非人人都知道自己真正想要的是什麼，但生命中卻同樣會遇到不順心，甚至絕望的事。這些事就像一頭兇猛無比的野獸，無情地朝你撲弒而來，讓你感到恐懼、害怕。但這些其實都是引導每個人通往喜悅之路的必要條件，沒有一個不是「愛」的化身，前提是：你必須知道如何運用適當的技巧來面對它們。

在學習的過程中，讓我獲益最多的，莫過於葛瑞．克雷格（Gary Craig）的EFT情緒釋放技巧（Emotional Freedom Technique），以及萊斯特．雷文森（Lester Levenson）的聖多納方法（Sedona Method），當然除了這兩位以外，還有其他對我幫助很大的老師們。

這本書整合了我所學到的技巧以及自我融會貫通的概念，雖說本書上的技巧面大部分是我去跟雷文森的傳人赫爾．多斯金（Hale Dwoskin）所學習的聖多納技巧為主，但卻也加入了許多我個人的看法與見解，很多概念是聖多納方法所沒提到的。因此我把書上的技巧通稱為「放下技巧」。我將會在本書之中提到，每個人在身心靈成長的不同階段所分別需要的不同技巧。身心靈之旅可以分為三個階段，「放下技巧」是我認為唯一能夠貫穿三個階段的方法。

我一向不喜歡閱讀一些透過故事教導人放下的文章。因為我很清楚，當一個人心情不好時，很多道理其實是聽不進去的。老實說，別人的故事干卿何事！我是一個務實的人，「給我方法，其餘免談！」是我每每看完故事之後會說的話。

本書與其他書不同之處在於，它提供了明確而且有效的放下技巧，而不是紙上談兵。而放下技巧是：當你掌握好了以後，就是一個運用起來簡單又快速，不需要透過大腦的方法。因為放下，是一個與生俱來的本能。

療癒者在治療別人之前，必須先治療自己。我也曾經迷失在痛苦之中，也曾經歷過許多陷阱、錯誤、死巷；以往我經常感覺到無力、無助、無依無靠，但最終我找到了超越的方法。這條路我已經走過來了，也將它們寫於書中與讀者分享。書裡所提的技巧可以幫助在身心靈旅途上的你少走許多冤枉路，學會了放下技巧，你隨時隨地都可以幫助自己。你會發現，這是你這一生最值得的投資。

我開設了相關的課程，將透過我個人的經驗來幫助大家更有效掌握放下技巧，歡迎大家透過我的臉書粉專及社群報名，也歡迎大家在網路上討論並分享心得，讓每一個人都可以擁有平順天然的人生。

在此我要感謝商周出版社的藍萍，讓本書有機會面世。也感謝所有教導我、幫助過我的老師們：Gary Craig, John Demartini, Frederick Dodson, Hale Dwoskin, Byron Katie, Keen Yung Kong, Lester Levenson, Robert Scheinfeld, Robert Smith（依照字母順序）。感謝在文字上給予我幫助的貓眼娜娜、歐文、凱雯、Hugo 以及建真。最後，也感謝買了本書的你，感謝你的選擇，也請相信自己的選擇。

0 引言

每個人的生命中都會有一個清單，包含所有你想改變的、想擁有的、希望能創造出來的事情。

今天你拿著這本書，可能是因為在嘗試改變之中，遭遇了下列的三種狀況：

一、你嘗試了種種方法，花了很多精力、時間與金錢，但是任何改變都沒有發生。

二、你嘗試了種種方法，花了很多精力、時間與金錢，有些事的狀況變好了，但是效果並沒有持續，又或者有一個情況好轉了，就會有另一個情況開始變得更糟糕了。

三、可能你真的得到了某些成果，卻驚覺這些與你原本的期待不一樣，它並沒有改變你的人生，你也沒有因為得到成果而變得更快樂。

你會遭遇到上述這些狀況的原因是：在種種方法中，最重要的關鍵步驟一直鮮為人知；如何辨別關鍵者，更是少之又少。即便知道問題所在，也無法正確實行方法的效能，因為大家一直以為「是」的東西，不一定是真的。我會在本書詳細解說，只要掌握正確的方法，那麼上述問題通通能迎刃而解。

當然，你可以不相信我，完全不需要馬上相信我。自己親身體悟比什麼都重要。

現在，請跟隨我，做以下的簡單練習：

首先，讓任何一件令你不愉快的事情在心頭浮現，去感受它所帶給你的感覺、心情或情緒。接下來心中默唸：

「我可以把這個感覺放下、釋放掉嗎？」

這時，請誠實回答自己，什麼樣的答案都可以。

然後，默唸：

「我要把這個感覺放下、釋放掉嗎？」

同樣，請誠實回答自己。

最後，再默唸：

「我什麼時候要把這個感覺放下、釋放掉呢？」

誠實回答自己之後，再回想這件不愉快的事所帶給你的感覺、心情或情緒。

細細感受之後，和先前做比較，看看是不是讓你輕鬆許多了呢？

沒錯，這就是情緒釋放、放下的力量。

請不要小看放下的力量，只要藉由這三個簡單的問句，就可以解決你人生的所有問題。

當然，這三個問句只是基礎中的基礎。隨著書裡的內容，我會告訴你如何把這三個問句發揮到淋漓盡致，無所不能。

接下來的旅程，你將會彷彿身處愛麗絲夢遊仙境，所見是奇幻的，體驗卻是無比真實的。

請接受我誠摯的邀請，跟隨著我走。我會讓你知道通往仙境的兔子洞究竟有多深。請記住，我將引領你看見的，只是真相，不多也不少。

ch 1 創造，從放下開始

你們認爲我是命運之子；實際上，我卻在創造著自己的命運。

——美國哲學家　愛默生

「為什麼要放下？」

「放下，可以為我做什麼？」

我想這是許多人會想問的問題。

的確，我們的人生有太多「想要」的清單了。

「我想要賺很多錢！」

「我想要找個正妹當女朋友！」

「我想要嫁個好老公！」

「我一定要成為一個很紅的藝人！」

「我想要有健康的身體！」

光是要處理這個清單上的問題，就足以出一本書了。

沒有一個人的生命過程中是沒有痛苦與創傷的。而這些存在於我們過去人生中的種種苦難，通常是來自於每一個人的欲望。這些無窮的欲望充斥在人們的內心，就好比一個裝滿水的杯子。當內心渴求的念頭林立，就像杯子的水是滿的時候，無法再裝下任何東西，看似毫不匱乏。但毫不匱乏的前提是，這些東西是你真正需要的。

若你無法滿足自己的現況，杯子又被水占滿的時候呢？

很簡單，把杯子裡的水倒掉，整個空間清出來之後，就能重新容納更多東西了。

那為什麼要放下？

當你生命中出現了你所不想要的事件、痛苦與創傷，並且讓它們所帶來的情緒占滿你整個思緒，它們會化為實相，讓你心生煩惱、痛苦，甚至影響你的生活時，我們就需要把它給釋放與放下。

這個把杯子清空的過程，就是放下。

放下之後，可以為我帶來什麼好處呢？

放下除了可以消除並且釋放當下的負面情緒之外，你的心中也會變得開放；當內心可以重新容納更多東西時，也就代表生命中有更多嶄新的創造與可能性。

放下，會開啟生命的美好，你會得到比你想像多更多。

什麼是放下？

在進到主題之前，我想更深入談談「放下」這回事。

對你來說，什麼是放下呢？

在我的經驗裡，很多人一聽到「放下」，就會不由自主地皺起眉頭，甚至有人跟我說，在他截至目前為止的生命裡，凡是要做到「放下」的事情，一定是驚天地、泣鬼神的痛苦大事；而會選擇「放下」它，則是代表自己輸給了自己的意志力。

很多人不了解「放下」與「放棄」是完全不一樣的兩件事。

「放下」是一種心態上的昇華，藉由放下我們不需要的，可以讓我們開啟更高的心靈層次，變得更開心、更喜悅，而且事情發展往往會變得更順利。「放棄」則完全相反。放棄的是自己與希望。人們會因為充滿種種負面情緒，而把自己推向痛苦的深淵，事情反而變得更糟糕。

當然，本書之所以會在你手上，或多或少是因為，你也曾遭遇過不開心或痛苦的事情，因而想要改變現狀，尋找讓自己變得更快樂、可以解脫煩惱、讓自己更自在的方法。

放下，其實是一件很簡單的事。

猶記得小時候玩任天堂紅白機的超級瑪莉兄弟，可以一路破關來到第八關。玩過這個遊戲的朋友應該都知道，第八關與前面的七關比起來，難度提高很多。我努力嘗試了很多天，仍無法突破第八關。當時的我雖然不服氣，但決定先休息，選擇在不急躁的情緒下去破解遊戲關卡。

過了幾天，我又把遊戲拿出來玩，這次不知道為什麼，很輕鬆就突破先前一直讓我卡住的關卡。最後終於來到八之四關，與庫巴一決生死，救出碧姬公主。

當時如果我選擇就此放棄，那麼就沒辦法享受到後續破關的快感了。現在想起來，這是我有記憶以來第一次感受到放下所帶來的好處。

如果你曾仔細回顧自己的人生，你會發現，其實你也曾有過許多放下的經驗。

通常，你會很自然地選擇放下，那是一種對某些事情自然釋懷的心境，亦是一種坦然、無牽掛，更是一種明朗的豁達。

一般人常見的例子，莫過於當下要找個東西卻遍尋不著。若先放下懸在心裡的焦躁情緒，過不久，想找的東西就會自動冒出來了。

因為痛苦而需要放下？

放下就是這麼簡單的東西。但為何簡單的東西，會容易與痛苦聯想在一起呢？在此我可以舉一些例子：

很多人的觀念都認為「人生就是要來受苦的」。我們從小耳熟能詳的孟子名言是這麼說的：「天將降大任於斯人也，必先苦其心志，勞其筋骨，餓其體膚，空乏其身，行拂亂其所為，所以動心忍性，增益其所不能。」

現今社會，很多人一直過著苦其心志、勞其筋骨的日子，但並沒有被降到所謂的「大任」。在這個景氣不好、低薪又到處是責任制、甚至是無薪假的時代，我們要的並不是什麼了不起的工作，不過是求個溫飽而已，但是怎麼會這麼難呢？

試問大家，所謂「吃苦當吃補」，這樣的人生真的有比較好嗎？這些信念或許都是對的，但僅僅反映出真相的一小部分。每個人都想變好，但其實很多人的潛意識卻是認為自己不值得變好；更多的是，很多人害怕改變，並且抗拒改變。

舉個淺而易懂的例子來說明：

我們都知道生病會讓人不舒服。但是，你可想過，病不會好，或許是內心想藉由它來得到其他的好處？回想一下，從小到大，當我們感冒或身體不適時，就可以請假不上班或上學，甚至生病時，會得到父母或親人更多的關愛。

佛洛依德在《歇斯底里症研究》一書曾指出：「我在治療時，得先克服病患根本不想承認病因的心態。在精神分析治療中，『克服抗拒』成了治療的關鍵所在。」

當一個人從生病中得到的好處（關愛、休養、放假）多過生病本身的壞處時，人在無意識中會努力讓自己維持在生病的狀態，以換取既得利益。佛洛依德對這方面做了許多臨床研究，他發現有許多病人會在潛意識裡不想要讓身體恢復健康，甚至用此來證明醫師的治療是無效的。想當然爾，病真的就不會好轉了。

我有一個朋友，數年前她的丈夫得了肝癌，腫瘤四公分大。她花了兩年的時間，無微不至地陪伴與照顧，遵循很多自然醫學的方法來調理丈夫的身體，腫瘤終於縮小到一點多公分。這也開啟了她對自然醫學的興趣，於是她很高興地跑到加拿大自然醫學院學習，成為我的學妹。

學妹打從心裡喜歡上自然醫學，她決定在取得自然醫學醫師資格之後，就留在加拿大行醫。就在這時候，她丈夫的腫瘤突然又增大到四公分了，她不得不打消留在加拿大行醫的念頭，乖乖回台灣照顧丈夫。

當然其中也許有我們不得而知的細節，但從身心靈的角度來看，任何疾病的生成都與情緒有莫大的關係。我們只能合理推斷，我學妹的丈夫不願因私心而要求她不要留在加拿大，但潛意識卻不自覺選擇了疾病加重的方式來讓太太回到身邊照顧他。

這就是一個「不想改變」或是「抗拒改變」的例子。當你出現抗拒的時候，放下，就會變成是痛苦的了。

但是你知道嗎？有更多時候，我們甚至是在逼自己放下。

當不如意的事情發生，我們告訴自己不要計較，讓一切事情就此打住。你可能會強迫自己而下了一個決定，讓自己不再思考某一個問題，假裝那些不愉快不曾存在。

然而，這並不是真正的放下。如果你強迫自己下了這樣的決定，但你的內在一樣會產生抗拒，壓力也隨之增加。

當你強迫自己去改變一個外在行為，卻忽視內在情緒時，你會發現，這只會讓情緒變得更糟糕。因為，這不過是自我壓抑罷了。

原因歸咎於正面思考這件事。違反內在的正面思考是無效的！

我認為，只有當你內外合一地放下，你才能整體往你想要的正面方向前進。

Dr. Wang
悄悄話

就讓人生順著流走

在這個競爭激烈的社會，變化是如此迅速，步調是如此緊湊，往往一眨眼，就可能發生風雲變色的大事。習於這種步調的我們，唯恐會落於人後，往往更加力爭上游。我們都以為，社會競爭激烈、充滿變化，所以我們應該要努力掙扎、逆流而上，才能得到我們想要的東西。

然而，如果這不是真的怎麼辦？

你是否曾經有過，一整天都很順遂的那種平靜的感覺呢？發揮想像力感覺一下：當你整個人在對的時間，遇到對的人，做了對的事，一切愉快極了。那麼，再回頭來想想庸庸碌碌「平凡人」的一天，你想要哪一種呢？

所以，說穿了我們都被所謂的「群體意識」所迷惑，把社會的病態視為常規，不知不覺構成了對生命之流的阻礙，每一天都活在抗拒自己內心深層渴望之中。

若你現在處於上述狀況，我會建議你先緩一緩，去順從你內心真正的呼喚。其實，人生應該是順著生命之流、放鬆行進就好了。

也許你會發現，當你懂得放鬆，容許生命的自然流動，就會得到真正想要的一切；你會認知到，自己所渴望的其實早已擁有，只是自己未曾覺察而已。

ch2 放下的基本練習

2-1 放下的癥結

事實上，放下一樣東西，並不是想像中那麼難，當你決定要放下的時候，整個過程最艱難的部分，就已經過去了。

——《北京愛情故事》

看完上一章，也許你仍感到困惑：「如果放下只是像你所形容的那麼簡單，那怎麼還需要學習，需要買這本書，還需要上課嗎？」

很多東西看似簡單，背後往往都有更多複雜的哲理，但我會在書中協助大家。本書裡面的基本技巧，相信能幫大家了解並處理生活中很多情緒上的問題。

話說有一次我曾在我家附近買彰化肉圓，我問老闆：「老闆，可以幫我把肉圓炸久一點嗎？這樣皮會比較脆。」

老闆笑著說：「你一定是中部人對吧！台北沒有人在吃脆的啦！如果你想要皮脆，要等人多的時候，火候大，肉圓才會炸得脆，並不是炸久一點就會比較脆。」

原來，當我們不懂門道的時候，往往會提出錯誤的問題，並且妄想在錯誤的方向得到解決的方法，這樣往往都是無解的。

長久以來，大部分人遇到問題都只知道「我該放下」，卻不知道如何正確地放下。錯誤地放下就如同錯誤的學習方式，即使再努力也無法達成想要的結果，而本書的目的正是要教你正確放下的方法，讓你不會為了不得其法而苦惱。

這些不適當的方式，可以分為兩大類來探討。第一，是使用大腦來做放下。第二，依賴別人來達到放下。其中最大的癥結點就是，認為「放下」是可以「透過大腦」來操作的。

癥結①使用大腦來做放下

我們常常聽到「轉個念，生命就轉個彎」這句話。但實際上，腦海的念頭並不是那麼容易就可以改變的。不能輕易改變的原因，來自於有些念頭與情緒密不可分的關係。

根據研究，人的大腦一天會出現六萬到七萬多個念頭。你可能會懷疑，六萬到七萬多個？有這麼多嗎？會不會太誇張？你之所以會這麼想，是因為在這麼多的念頭裡，只有少數幾個會引起你的注意，並且留下印象。一個念頭之所以會留下印象的關鍵就在於「情緒」。

這麼說好了，心智好比是一面鏡子，它只會忠實地將腦海中閃過的念頭反映出來。情緒則像強力膠一樣，會賦予念頭能量，把它緊緊黏在鏡子上——也就是我們的心裡面。往往你越在意的事情，情緒的反應就越強大；當然，它也會在你心上黏得越緊，往往對你產生更顯著的影響。

當受到情緒包覆的念頭深植在內心許久，你就會打從內心相信它是真實的，一個所謂的信念就此形成了。好的信念系統會幫助你達成目標，而不好的信念則會阻礙你成功。因此我們要了解：無法正確放下，就得先尋找信念形成的原因。

我們來看看信念的架構：信念是由情緒、合理化解釋以及證據這三個鐵三角所組成的。

我們的信念可以驅使並且帶領我們向前。

但當我們只是根據過去發生的事情來下決定，

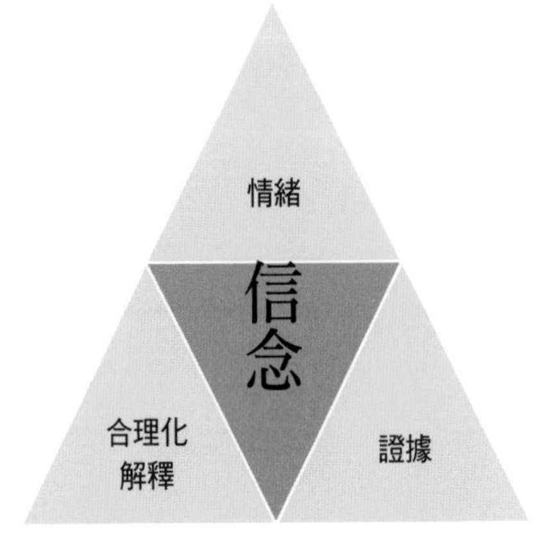

信念的鐵三角：信念是由情緒、合理化解釋以及證據這三個鐵三角所組成的。

而不是活在當下的時候，我們的信念就有可能變成人生的絆腳石。

舉例來說，如果你現在上台演講會緊張而感受到胃不舒服、胃絞痛，那可能是因為，小時候某次演講比賽中你在眾人面前出糗了，這個出糗的經驗引發你的緊張感，導致你胃不舒服。

那麼，我們可以將這個事件套用到信念系統圖來分析：

- 情緒：緊張
- 合理化解釋：小時候某次演講在眾人面前出糗
- 證據：胃不舒服、胃絞痛
- 信念：我只要上台演講，就會緊張，然後導致胃絞痛。

因為小時候這個不愉快的經驗，造成了往後在每當有演講的場合，你就會讓不正常的信念影響了你的身心以及表現。

活在當下，並不需要任何信念才能達到。當我們探索我們的信念並且釋放阻礙我們的信念時，新的體驗與世界會從此開啟。

那要如何瓦解這個信念呢？其實只要讓三個條件的其中一個不成立就可以

了。要了解，這個信念的鐵三角之所以能成立，完全是靠三個環節環環相扣而成的，如果抽掉一個，這看似堅固的鐵三角也就能輕易瓦解。

這三者當中，情緒的消除通常是最容易被處理的，也就是負面情緒的放下或釋放。

用大腦去放下的做法，也就是嘗試在「合理化解釋」的步驟上去努力。大部分坊間教人放下的技巧，不外乎是使用這樣的方式來說服你：把念頭轉掉，使用道理來為現況做解釋及尋求因果，希望藉由這樣的方法來解決問題。

這樣靠大腦去放下的方式，就好比你朋友今天牙痛，要等明天才能看牙醫，但你卻在旁邊不斷告訴他：「你知道嗎？痛感對人類的生存是必須的，一個無法感受到痛覺的人，存活下來的機率是很低的。」這種透過思想及理論來合理化問題本身，使之接受當下情況的做法，並沒有錯，但對於情緒釋放卻毫無助益，反倒可能造成對自我情緒的壓抑，長期下來對身心都會有不好的影響。

癥結②依賴別人來達到放下

英國道學家為無為（Wei Wu Wei，本名 Terence James Stannus Gray）說過：

「理性只能帶你到目前這個境地而已。」而無法放下的另一個問題，就是冀望由他人替你解決，相信他人替你下的決定。

的確，當人生遇到挫折時，我們會自然想要往外尋求種種幫助，從占卜、算命、心理諮詢、催眠、NLP 等等，這些都是常見的方法，我對這些領域也都有研究並取得相關證照。然而大家要了解，不管任何方法，若被其制約，就是一種治標不治本的行為。

再怎麼有效的方法，都是為了喚醒自我覺察的能力，若形成依賴，也就否定了自我意識的呼求。請記住，唯一能真正解救自己的，只有自己。

許多的諮詢與治療，都必須透過治療師或執行師主觀的判斷，然而這個過程中，你把放下的力量賦予了別人，也更加深了面對自身問題的恐懼，到最後很可能只能選擇逃開不去面對。

我有一位朋友，他曾經因為想脫離某一個宗教而尋求 NLP 的協助。這位 NLP 老師使用了一連串的 NLP 技巧，把他對宗教的一些想法和情緒引導到其他方面，像是被信任的人背叛的經驗等等；但是這位老師最後的收尾沒有做完整，導致那位朋友生氣與悲傷的經驗沒有隨之退卻。雖然他後來成功脫離了那個宗教，但是之後只要想到跟那個宗教相關的人事物，他就會異常憤怒。直到他跟我學習到正確放下技巧之前，他都只能選擇遠離一切相關宗教的事情以使身心平靜。這就是一個透過別人主觀意識而沒有完整處理的案例。

請讀者好好想一下：一個外人會比你更了解你自己的問題嗎？你會得到的改變，往往只是對方強加諸在你身上，且對方認為這樣做是對你好的。但那會是你真正內心的需求嗎？

當你困惑時，尋求這些外在的幫助或許是很好的選擇與開始，但是請記得，幫助你從痛苦深淵中解脫的關鍵永遠握在自己手上。

綜合了以上兩大原因，我們不難發現，一般人想要做到真正的放下，其實是困難重重。難怪有位開悟的大師曾感嘆：「單單使用大腦來釋放一個信念，等同需要花上千年的時間！」但是請容我再次強調，只要方法對了，放下真的很簡單。而其實真正的方法，一直都在你眼前，也只有你自己最清楚。

放下，就是這麼簡單

在真正進入到放下的方法之前，我們來做個小小的示範，幫助你更了解放下究竟是怎麼一回事。

現在請你找一支筆來，接著請輕鬆地伸出你一隻手（左右手均可），手心朝上，把筆平放在手中。

筆在你的手掌上，是可以任意滑動的，這代表每一個出現在我們心中的念頭。而這支筆也隨時都可以輕易從你的手中滑落。

接著，請緊緊用力握住筆。不需要太久，只要持續二十秒就好。你可能就會感覺到手臂，甚至肩膀都開始有點痠痛了。

當你這麼用力抓緊筆，就好比是我們賦予了念頭能量（也就是情緒），當這個念頭擁有了生命力，也就擁有了影響我們身心的能力。

時間久了，這個影響會開始擴散，對我們的生活造成越來越多的妨礙。但是，我們往往已忘記，是我們選擇緊緊握住了筆；時間一久，我們甚至會誤以為筆是手的一部分，然後又想讓這緊緊握住筆的手來拿筷子吃飯。這就像我們誤以為，這個「念頭」就是「我」的一部分一樣。試想，你能一面緊緊握著筆，一面好好拿筷子吃飯嗎？

接下來，可以再從另一個角度想想：當你情緒不好的狀態時，你會如何表達自己呢？你可能會說「我很生氣」或「我很難過」；但是，大多數人並不會說「我『感覺到』生氣」或「我『感覺到』難過」。雖然這兩個句子乍看之下是一樣的，但是，它們在本質上卻有「情緒主導權」的差異。

在沒有發現真相的情況下，說「我很生氣」意指我們認為「自己即是那個情緒」，生氣與我是一體的，而並非「我感受到一個情緒叫『生氣』」。因此這個錯覺導致我們容易被情緒左右。

一個人若是能夠時時觀照且覺察到自己的情緒，讓自己保持在一個覺知的狀態，這對身心靈的成長與健康是非常重要的。

因此，面對情緒，你絕對是有自主權的。如何拿回面對情緒的主導權呢？很簡單，把緊握著筆的手心向下，再鬆開手指，筆就掉下來了。這時，你的手上還有東西嗎？當然沒有！

這就是放下，就是這麼簡單。

你不需要靠任何艱深的道理來讓你鬆開手，更不需要別人指導你如何鬆開你的手。對於任何的情緒，我們都可以如此簡單地選擇放下。

2-2 放下，先從接納開始

面對它，接受它，處理它，放下它。

——聖嚴法師

那麼，我們開始準備學習放下吧！

在學習放下之前，有一件很重要的事情要做，那就是接納。接納，也就是承認任何一切你所抗拒的負面思想是自身的一部分，將它們帶出來並整合到自己的意識之中。這是最不容易，也是最重要的一步。若是我們極力去抗拒這些想法，你也會將這些情緒帶入其中，並賦予其更大的能量。選擇坦然接納它們，不要緊抓著念頭不放，你會很快地感覺到解脫與放鬆。

簡單地說，如果放下是我們要拿槍射擊的標靶，那麼接納就是瞄準；瞄準的功夫沒做好，自然無法精準擊中目標。由此可見接納的重要。

放下的力量
練習01

接納

首先挑一個讓你不開心的事件出來，回想當時你所看到的景象、在你面前出現的人物、你聽到的聲音，甚至是聞到的氣味等等。在回想的過程中，相信你會彷彿再經歷當時的負面情緒。

這時候或許你會產生生氣、傷心、難過、感到無助等情緒，甚至你會想罵人、想打人，甚至出現想殺人或自殘的衝動。身為一個正常人，遇到這樣的事情，會產生情緒是理所當然的。

現在，你只要盡你所能，讓這些情緒出現，來到你心中，放著就好，什麼都先不用做。容許自己的心中出現所有與這件事相關的情緒、想法、信念、感覺，包括任何你想改變這件事情的想法等等。

當你容許，不去抗拒，並且單純接納情緒的存在時，代表著你願意開啟心房，準備讓這些情緒離開了。

這過程簡單得就像是雲在天上飄過，煙從煙囪升起，或是把壓力鍋的蓋子打開，讓蒸汽冒出來。一切都是如此自然，而且毫不費力。

請記得：感覺和情緒都不是你，也都不是真實的，你隨時都可以選擇把它們放下。如果，你覺得不管怎樣你都無法做到接納，那麼請搭配接下來的練習，試試看吧！

Dr. Wang 悄悄話

我現在感覺到什麼？

當你碰到一件不盡如人意的事，不妨試著感受當下所感覺到的，並且像這樣問自己：

「我現在對於這件事情的感覺是什麼？」

這不一定是一個很強烈的感覺，它可以是「有點煩」、「很討厭」等等。你可以時時刻刻都透過問自己感覺如何，來訓練自己「自我覺察」，甚至在你閱讀本書的當下，你也可以問問自己，感覺是如何？

請別小看這個練習，這會幫助你強化放下技巧所帶來的效益。

接下來，試著再問自己，當我感受到這情緒時，身體哪一個部位會出現不舒服的感覺？又或者反過來，我身體的疾病（比如胃痛）帶給我的，除了疼痛之外，還有什麼樣的情緒反應呢？

通常，病痛的同時也會伴隨一些情緒的浮動，例如胃痛可能與緊張、焦慮、不耐煩有關。當你能夠覺察這些情緒，其實就能慢慢找到疾病中「病理」之外的「心理」成因，了解主因之後，就能更有效使用放下技巧來深入且根本舒緩身體的不適。

但是，在這裡要補充說明的是，情緒不等於想法與事件。情緒不外乎是喜怒哀樂，例如一個想要克制甜食習慣而進行減肥的人，會突然很想吃甜食，不吃會覺得很沮喪。那麼，要專注被放下的情緒是「沮喪」，而不是「想吃甜食」這件事。對於情緒與疾病之間的連結有興趣的朋友，可以參考拙作《不開心，當然會生病》。

2-3 欣然接受

接納生命中的任何插曲，還有什麼比這更符合你所需求的？

——羅馬皇帝 奧勒留

綜合前述討論，我們可以知道，想要放棄抗拒以及任何需要放下的念頭，「接納」是個好的開始；但若想要徹底地放下，讓自己擺脫一切負面情緒的束縛，我們還需要「欣然接受」。

欣然接受，就是打開自己的心靈，坦然接納所有，也就是容許生命保持它原本的樣貌。

當你如此坦然面對自己並且接納所有的同時，不管你的想法是什麼，它就只會像雲在天空飄過，或是煙從煙囪中冉冉升起般，天空完全不會受到雲和煙的影響，雲就只是飄過而已。就如你的身心不會再被任何負面情緒影響，你容許它的存在，並且接納它，它將會如同過往雲煙，就這樣輕易消散了。

「欣然接受」這個字眼我想了很久，認為它是最適宜用來操作放下技巧的字眼。其中「接納」和「歡迎」這兩個詞彙也都很適合。如果單純只是「接受」一詞，恐怕會讓人的心中出現「應該」及「必須」的想法。當「應該」出現時，人的內心都會不自主地出現壓力，繼而產生抗拒，因此我認為必須把這個字眼解釋清楚，避免大家在不知道的情況下，給自己帶來無形的壓力，繼而削弱了放下技巧的成效。

在《靈性煉金術》裡，潘蜜拉．克里柏（Pamela Kribbe）是這麼形容「接納」的：

你必須全然接納你目前的實相之後才能前進到新的。若不接受目前的實相，又緊緊抓住你的目標，你就前進不了……因爲當現實沒有滿足這些目標信念時，你會覺得失望，有時候甚至會絕望，絕望是因爲你對生命中應該發生的事，所抱持的強烈信念而造成的——當你放棄了、認輸了，往往是靈魂的話語說得最清楚的時候，因爲在你放棄和絕望時，你向新事物敞開，你釋放所有期望，眞正接納了「本然」。

尼采在《各種意見與箴言》也提到：「內心一定有著絕對沒有交集的對立和矛盾，愛不是抵抗這些對立與矛盾，而是歡喜的接納。」

有些心靈成長課程或療癒法，會藉由不斷分析你的情緒，再伴隨著許多解釋或用激勵的方式，但這樣未必是好事。因為當人們面對負面情緒時，往往會下意識想逃避，又或者是用更強大的力量來壓抑它。所以，比較起透過複雜的方法來詮釋情緒，我更傾向於什麼都不用做，單純讓情緒出現，容許它出現在心裡就好，反正接下來我們就要把它給放下了。

「欣然接受」會帶給你一段很棒的體驗，更棒的是，這是一個隨時隨地都可以進行的過程。不管是你在跟朋友聊天、在塞車陣中龜速前進，又或是在職場上進行冗長會議，甚至是玩線上遊戲或手遊打怪練功時，不管你在做什麼，都可以單純容許當下發生任何感覺的存在，並且接納歡迎它，這就是「欣然接受」。

這也是讓你能夠將「放下技巧」融入每天生活的基本功，會使你在放下之時變得更輕鬆容易。

當你放開一些陳舊的信念，選擇欣然接受一切，你會發現，生命只會流動得更順暢。

事不宜遲，現在就讓「欣然接受」的技巧，成為我們生命的一份禮物吧！

Case

放下技巧，澆熄二手菸

有一個學員長期受到吸二手菸的困擾，除了在家被迫要吸先生的二手菸，在工作場所中也免不了同事三不五時需要哈根菸。每每聞到二手菸，內心那把無名火不知該如何澆熄。

也許你認為這只是一件微不足道的小事，不過是二手菸嘛！她一開始也這麼認為，於是任由負面情緒在心理積壓。選擇壓抑的結果，她卻出現了在職場及家庭關係的裂痕，繼而影響了身體健康。即便她嘗試藉由告誡他們「吸菸對人體造成的種種傷害」來減緩自己所受的毒害，但依舊無法改變他們長久的惡習。

在嘗試「改變別人」的方式無效後，她選擇去接納自己在別人吸菸時產生的負面情緒，不再壓抑憤怒的感覺，只是去感受它，也不為此做任何努力。沒想到就單單感受這個步驟，憤怒的指數慢慢降了下來，再次面對他們吸菸的行為，已感覺不再那麼生氣了。

更神奇的是，過了一段時間見到她，她笑著說，那位愛抽菸的同事突然辭職了，家中先生抽菸的次數也不再那麼頻繁了。

是的，她沒有努力去設法改變一切，沒有對他們大聲咆哮，沒有試圖去控制自己的憤怒，只是單純接納原本屬於她身體的負面情緒，然後讓它出走。僅此而已，但卻改變了一切。

2-4 放下的三問句

工作、玩樂、痛苦、愉悅，都是人生無法避免的事！就感受吧！徹底感受了，才能拋開！

——小S徐熙娣

透過以上「接納」的練習，我們已經學習好如何瞄準目標了，那麼就開始射擊吧！

相信大部分人的困擾都在於：「對，我知道我要放下，可是我該如何開始？」

其實，要正確與快速放下只需要三個問句，也就是引言裡的三個問句。

放下的力量 練習02

放下的基本三問句

延續之前接納的事件，把那感覺放在心中，問自己：

- 問句一：我可不可以放下或釋放掉這個感覺？

- 問句二：我要不要放下或釋放掉這個感覺？
- 問句三：我什麼時候要放下或釋放掉這個感覺？

現在感覺一下，看看這感覺和一開始接納前有什麼變化？感覺應該輕鬆不少吧！如果還有一些殘留的負面情緒，可以重複以上的步驟或者閱讀下去，更深入了解這三個問句背後的用意。

問句一：我可不可以放下或釋放掉這個感覺？

這個問句只是很簡單問你自己，有沒有可能做到這件事情？「是」或「不是」都是可以接受的答案。即使你的答案是「不是」時，通常也會因為做了這個誠實的回答，而幫助你更容易放下這個情緒。

在這個過程中，盡你所能照當下的直覺回答就好，不要猜測，也不要陷入內心的糾葛與思考，揣測答案會帶來什麼後果，而來回答這個問句。

在整個「放下技巧」裡面提出的問句都非常簡單，這些問句和你的答案，都只是讓你停止繼續緊抓著問題不放的工具而已。因此，在你回答了這問句之後，我們繼續往下一個步驟，不管你這階段的答案是什麼。

問句二：我要不要放下或釋放掉這個感覺？

同樣地，不要進行任何內心的對話和思考。請記得，你做這個步驟一切都是為了自己，為了讓自己能夠更自由，讓心情變得更好，心智更清明。

如果答案是「不要」或你並不確定，可以試著問自己以下這個問題：「我是想要持續保有這個感覺，還是我想要從這個不好的感覺中解脫？」

如果你再問自己一次「我要不要放下這個感覺」，答案仍然是不要，那也沒關係，我們繼續往下一個步驟前進。

問句三：我什麼時候要放下或釋放掉這個感覺？

這個問句的目的與重點是放在「什麼時候」，即是邀請自己「立刻」放下這個情緒。就跟之前的問題一樣，用當下的感覺來回答。不論你的答案是什麼，你可能會發現，自己已經能夠很輕鬆放下這個情緒。

請記得，「放下」是一個你隨時隨地都可以做的選擇。

你可能在第一次嘗試放下的過程中，無法感到很順利，或者你以為自己放下了，卻在過一會兒又感受思緒混亂與不安；這時你都可以視需求，重複前面三個問句，直到你真正覺得這個情緒已經被釋放，內心感覺到自由為止。

一開始，你可能會發現進步的速度與幅度，沒有你原本想像中快速，這是因為，我們對事物的情緒反應，往往是經年累月所累積出來的，要清除就得像剝洋蔥一樣，一層一層剝開；但是當你持續做放下的練習，就會越來越容易察覺到效果，你所放下的東西，就會永久離開你。又或是，你就反過來被它放下了。

當你開始持續進行這個放下的流程，你將喚醒放下的本能；你開始可以有意識地控制放下，然後會使放下的本能融入日常生活的每一個細節。無論你的生活可能經歷到什麼樣的挑戰，或是面臨讓你打從心底感到不愉快的情境，都能夠運用放下的力量來化解。

只有這三句就夠了嗎？其實這三句已經很夠用了，但是在我的「情緒排毒改變命運」的課程中，我還會在三個問句之後，傳授學員一個搭配朗達•拜恩《魔法》一書裡面的口訣，讓放下的效果事半功倍。

Dr. Wang 悄悄話

放下是一種本能

你也許看過，小朋友在學步或玩樂時不小心跌倒了，如果他身旁沒有大人，失去可以透過哭鬧得到同情與關愛的目標，他往往會自己爬起來，繼續走或玩耍。

我們也曾看過，一個小朋友和別人吵架後，大聲宣告：「哼！我以後再也不跟你好了啦！」但是，五分鐘後，小朋友又繼續和吵架對象玩在一起，彷彿什麼事都沒發生過。

由此可知，放下，對於小朋友來說是多麼簡單而自然！

「放下」其實是我們與生俱來的一種本能，只是在成長的過程中，為了保護自己，我們學習到把這些痛苦緊緊抓著，用來警惕自己不要再次受到傷害。於是，我們記起了教訓，卻也一併把伴隨的負面情緒深深烙印在心上。等到你發現這種情緒會阻礙你的人生往好的地方前進，並且甩都甩不掉時，那你就真的該學習如何放下它。

與其緊抓著對你沒有幫助的信念，讓這些信念來為你的人生下定義，放下才是能夠讓自己得到全然自由的方法。當然，既然「抓住」是我們透過學習而得到的，我們也可以反過來逆向操作，重新再學習「放下」這一件事。

Case 使用放下技巧克服對跌倒的恐懼

每天我前往捷運站的上班途中，總會經過人行道上矗立著一整排用大理石塊砌成的四方形花圃，常在想：「為何市府當時要蓋成這樣的尖銳方形呢？難道不曾有人撞到嗎？萬一跌倒，肯定會撞得頭破血流。」偶爾也會盤算著：「如果跌倒，該怎麼做才可以申請國賠？」可是就算可以領到國賠，我仍不想跌倒呀！走在這高低不平的人行道上，有許多磚塊早就因為老舊，支離破碎散落各處。上班途中充滿危險，「步步驚心」就是我每天的心情。

這樣的心理壓力讓人很難過。當王博士先請大家挑選一個自己覺得困擾的問題來做放下的練習，於是我就挑選了這個恐懼跌倒的問題，做了之後也沒放在心上；沒想到隔了幾天，自己忽然驚覺，走在同一條路上，已經不會有之前那種恐懼不安的心理負擔了！很高興自己能找到這麼簡單且有神奇效果的方法。

*ch*3　喜悅與成長

3-1 真正的快樂

當我五歲大的時候，媽媽總是告訴我說「快樂是人生的關鍵」；等我上學時，老師問我長大想做什麼，我說「快樂的人」。他們說我不懂問題，我告訴老師，是他們不懂人生。

——約翰・藍儂

經過前一章放下技巧的基本練習後，我相信你除了對「放下原來是如此容易」一事感到訝異驚喜之餘，可能還會產生許多疑問，像是：「啊？就這樣了嗎？」「還有沒有更多進階的技巧？」或是「那放下了以後要做什麼？」

進階的技巧當然有，就在後面章節裡。但是在那之前，我想先讓大家知道，放下可以幫助我們什麼，以及放下所帶來的好處。先有更完整的了解，之後使用放下的技巧，更能事半功倍。

在網路曾讀過一篇發人省思的小故事：

一位美國人在海邊村莊散步，看到一位漁夫及船上的魚，說：「你好，辛苦了，捕多久了呢？」

漁夫回答：「不久，夠了，賣魚去。」

美國人：「怎麼不多捕一些魚呢？」

漁夫：「夠養活老婆小孩，行了。」

美國人：「除了捕魚、賣魚之外，那你還做些什麼事情？」

漁夫：「就回家陪小孩玩一玩、陪老婆睡個午覺，黃昏再到村子裡跟朋友喝喝酒、聊聊天、彈彈吉他。」

美國人聽了表示不以為然，他說：「我是哈佛企管碩士。我強烈建議你應該用多一點的時間，抓更多魚，然後把多餘的魚賣掉之後，換一艘大一點的船，就這樣慢慢組成船隊，接下來自己蓋個加工廠，將抓到的魚製作成魚罐頭，然後利用企業化經營與良好的行銷管道，慢慢再擴充整個工廠到全世界，那時候你就可以搬離這個小島，然後到國外去當個大企家。」

漁夫：「這樣大概要多少時間呢？」

美國人：「大概十五到二十年。」

漁夫：「然後呢？」

美國人：「然後將公司的股票上市，將股份轉賣給其他人，你就可以成為一個億萬富翁，在家當皇帝了！」

漁夫：「然後呢？」

美國人：「那個時候你就可以安心退休囉！搬到一個小島上，無聊的時候出海釣釣魚，釣累了回家陪陪小孩玩，再跟老婆睡個午覺，到了傍晚還可以到村子裡跟朋友聊聊天、喝喝酒、彈彈吉他囉！」

漁夫回答：「我現在就已經在過這種生活了。」

看完了，你是會心一笑，還是倚頭沉思呢？

很多來找我做諮詢的個案，我聽完對方的困擾時，通常會問的第一個問題是：「你真正想要的是什麼呢？」

這對話往往會是像以下這樣：

「我想要賺更多的錢。」「那當你賺到更多錢以後，你會怎樣呢？」

「我想我會很快樂。」

「我想要升職。」「那當你升職後，你會怎樣呢？」

「我想我會很快樂。」

「我想要跟他結婚。」「那當妳跟他結婚後，你會怎麼樣呢？」

「那我就會過著幸福美滿的人生。」

「我想要趕快從癌症好起來！」「那好起來以後，你會怎麼樣呢？」

「我就會很快樂啊！」

一位命理大師跟我聊天時說，人們來找他算命，不外乎是「妻財子祿」這四個字，當然還包括了自身的健康。在我所有的個案裡，同樣沒有一個例外。

每個人的生命都充滿了數不清的問題，而我們的生命，彷彿也是為了解決這些問題才存在著。表面上人們追求的不外乎圍繞著妻財子祿，但我們最終渴望的，其實是在我們擁有這些事物後，它們所能給我們的快樂。

仰賴外在給予的，來自於感官的經驗叫作享樂，這是短暫的。

來自內在的快樂，我們可將之稱為喜悅，這是永恆的。

有人曾問達賴喇嘛關於快樂的問題，達賴喇嘛是這麼回答的：「快樂有很多層次，我認爲快樂是個人內在的平靜，以及與外在世界的和諧。……因此調伏內心非常重要，這使我們在面對不幸時能夠更從容，而且更容易接受。」

請問，如果有方法可以直接跳過追求外在享樂的階段，直接來到內心快樂喜悅的狀態，你覺得如何呢？而那個讓你可以一擊命中紅心的技巧，就是放下。

3-2 追尋喜悅的兩種方法

使人生變成重擔的，不是歲月，而是恐懼。

——哲學作家 約瑟夫·F·紐頓

誠如我在引言提過的，每個人的生命中都會有一個清單，上面列出所有你想改變的、你想擁有的、你希望能創造出來的事情。

你今天會手拿著這本書，可能是因為你遭遇了下列三種狀況：

一、你嘗試了種種方法，花了很多精力、時間與金錢，但是任何改變都沒有發生。

二、你嘗試了種種方法，花了很多精力、時間與金錢，有些事情的狀況變好了，但是效果並沒有長久持續；又或者只要有一個項目變好了，就會有另一個項目開始變得更糟糕。

三、可能你真的得到了某些成果，卻驚覺這跟你原本所期待的不一樣，它並沒有改變你的人生，你並沒有因為得到成果而變得更快樂。

真正的快樂，是在你的健康、人際關係、金錢等等各方面都是圓融和諧的狀態；而當你到達解脫點後，你會發現到，你的快樂喜悅跟這些外在因素一點關係都沒有。

自古以來，當人們想得到真正的喜悅時，往往會有兩種可行的方法：

一、透過不斷改變與進步的方法，按部就班來。（漸悟）

二、得到真理，剎那之間覺醒，解脫自在。（頓悟）

當你選擇透過不斷改變與進步的方法時，你會想藉由建立許多的目標、主觀意識，以達到某種效果的方法，企圖改變你看似殘缺不堪的人生，然後期待這些都完成後，人生會有所轉變。

如果要透過這樣的方法，你的人生就會被許多的技巧、方法、步驟、流程、課程等等所主宰，你必須不斷練習某些技巧，並且熟能生巧之後，才有可能得到你想要的。而在歷史上，這些方法與技巧就像一個永不停止的生產線一樣，不斷被製造出來，在這世界上流傳著，也被人們所使用著。

人們總是夢想著，只要我學會了某一個神奇的技巧，那麼奇蹟就會發生，我的人生就會從此改變，像是觀想、正面思考、正向確認句、改變信念等等，其中又以吸引力法則最廣為人知。但你是否想過，如果它運作的方式跟你所認知的完全不一樣的話呢？甚至，有沒有可能，這其實根本就不是一個「法則」呢？

當我們接觸到一個神奇的新技巧，都會滿懷期待並且開始深信不疑地使用，盼望能夠心想事成，但是最後你會發現，現實終歸是現實。無法心想事成，這會帶給你莫大的痛苦。

當使用「不斷改變與進步」的方法時，你通常也會遇到兩大問題：

一、**技巧無法維持可靠的有效性**。從來都沒有過，以後也不會！我自己走過這條路，我很清楚，也很誠實地這麼告訴大家。

二、**你想要改變與變好的清單沒完沒了！**從來沒有結束過，以後也不會！人生總會出現你覺得不夠好且需要改變的人事物。

那麼，如果你想要改變的清單永遠生生不息，而你所學習到的技巧都無法有效幫助你改變，那會產生什麼結果呢？

你會感覺到非常疲憊、不開心，而且非常挫敗，覺得自己不夠好，也會對這些技巧及傳授你這些技巧的老師賦予負面的情緒與想法。

看到這邊你應該覺得很熟悉，因為你已經經歷過，又或許正在身歷其境。如果你還沒，那我保證你一定會。

奧修說：「你頭腦裡的負面想法必須被釋放，而不是以正面想法去壓抑。」

學習並熟練放下技巧，在反覆放下的過程中，最後你會連想要放下的念頭都沒有了，那時自然就會來到覺醒的解脫點。

接下來，我會簡單地透過身心靈成長三階段的說明，來讓大家更了解這場靈性之旅是怎麼開始，以及如何來到覺醒與解脫之層次與過程。

3-3 身心靈成長的三個階段

生命全部的奧祕，就在於爲了生存而放棄生存。

——德國文豪　歌德

在身心靈的成長與轉化的旅途中，我們可以把這過程略分為三個階段。這三個階段可以用一段禪宗的語言來說明：見山是山、見山不是山、見山還是山。

第一階段：見山是山

我想每一個人都曾經有過這樣的疑問：「人到底是怎麼來的？」在回答這個問題前，我們暫且先把達爾文的進化論放一邊吧！佛教說：人類是光音天的天人來到地球，因為吃了地球的水果而有了肉身。基督教說：人類是上帝創造出來的，因為偷吃了禁果而被趕出伊甸園。而許多新時代的學說也都宣說著，我們是無限存有的靈體，透過肉身來體驗有形的存在。

不管是哪一個宗教或派別，我們都可以這麼結論：原本的我們，是擁有無窮的能力、知識、智慧、力量，充滿無窮喜悅與無條件之愛的富足個體。我們到這個世間，是為了進行一場遊戲，演一場戲。這樣的說法，想必大家並不陌生。

與地球上的其他生物相較，人類出生後，是一個沒用且無助的嬰兒，需要成人花費很多的心力照顧才能安然成長。

還是小嬰兒的時候，你對於「我」的概念並不是很清楚。你的姓名，來自於父母給予你的標籤。如果你的名字是「安琪」，那麼小時候父母跟你說話的時候，一定會說：

「安琪乖。」

「這是安琪的娃娃。」

「這是安琪的衣服。」

大約在三歲到四歲之前，你都會認定自己就是「安琪」這個名字。但那之後，「我」的概念慢慢出現了，妳就會開始變成：

「我很乖。」

「這是我的娃娃。」

「這是我的衣服。」

加上父母或老師不斷告訴你這個不可以、那個不行……在種種限制下，你的個性與人格就漸漸成形了。

你認知到自己不再像嬰兒一樣，想要什麼，父母就會給什麼。屬於「我」的東西，越來越少，越來越難得到，越來越難維持；卻也因此，之後的人生，你將會用生命捍衛所有被冠上「我」之名的所有一切！

這一切限制性的信念系統，大約在六歲的兒童就會完全定型了。這個「我」在許多身心靈的書籍裡，通稱為「小我」（關於更多「小我」的形成與如何破解，請看第六章）。

小我的限制會伴隨著年齡成長而增加，這時面臨到的困惑與挫折往往壓得你喘不過氣，甚至覺得自己是不是已經「壞掉」了？

但其實你知道嗎？天底下沒有壞掉的人，只有透過錯誤與破碎的心智運作的人而已。因為你是完美的，你沒有壞掉，才會這麼如實地出現如此你認為錯誤的結果。而這就是第一階段的主題——小我的形成，限制自我。

第二階段：見山不是山

大部分人可能終其一生都在第一階段中進行著，被限制、接受限制、在限制中尋求解脫。然而在第一階段的本質下，你經常在很努力做了些什麼之後，才發現一直在鬼打牆，什麼都沒有改變，一切的一切，都只會更加讓人無力與痛苦。那麼為什麼要安排這樣的痛苦呢？

社會學家莫里斯．馬西（Morris Massey）曾說過：「人的中心價值一旦形成後，只有在重大感情事件發生時，才會促成原本價值的改變。」心理學家卡爾．榮格認為，人的一生有兩個主要時期：人生上半場（兒童到青年期），以及人生下半場（中年期）。最有義意的轉化就發生在中年階段，這也是「自性」追尋的開端。

是的，第一階段的限制性所帶來的痛苦，其目的就是為了引導你轉化。

當然，並不是每個人經歷痛苦後，都能順利進到轉化的階段。少數人因為經歷痛苦後，開始對身心靈成長產生了興趣，透過了轉化的過程，了解到第一階段其限制性本質存在的必要。他們發現到，原來山不是山，第一階段學習到的東西無法解決你所有的問題。（請注意，第一階段的方法並不是錯誤的，因為這些方法的確是適用於生活在第一階段的人們，巧妙達到限制的目的。）

進入到第二階段的人，可以說是初步接觸到了真理的奧妙，了解到第一階段限制性存在的事物都不是真實的，也慢慢地可以開始隨心所欲的進行所謂的創造。

第二階段的主題，在於轉化與創造。

試想一下，我所相信的一切，都是真的嗎？

我們可以發現，往往無法放下、創造出心想事成的自己，是因為我們受到了一些信念的限制，並且伴隨了相當的負面情緒。然而，情緒來自於想法與念頭；人往往會因為自己主觀的判斷，而為周遭的人事物貼上標籤，進而產生了許多的批判和負面情緒。

我想在此邀請大家重新思考，並且質疑一下平常所相信的事情，像是「我需要變得更瘦，才會有人愛」、「我要有錢，才能過更富足的人生」等等，這些條件完全成立嗎？

其實，如果我們真正去觀察、了解身邊的人，會發現，人無論環肥燕瘦，都有幸福美滿的，也有情路受挫的，與外型並沒有百分之百的絕對關聯。

另外，到底「豐盛」（abundance）的定義是什麼？有些人非常會賺錢，卻連好好和家人吃頓晚飯的機會都沒有，這樣的有錢生活，是你要的嗎？這樣算是豐盛、富足嗎？還是，你只是被一廂情願的想法與事物的表象所矇騙？

建議大家，容許自己把心打開，接納這些未必是真實的可能性，對於負面情緒的釋放會有非常大的幫助！

第三階段：見山還是山

不一定每一個人都需要經過第二階段才能來到第三階段。德國科學家李契騰柏格（Georg Christoph Lichtenberg）說：「最有助於達到心靈平安的方法，莫過於不要有意見。」

不評斷、不要有意見，就開始進到第三階段了。這乍聽之下很簡單，但其實一點都不容易。一旦進到第三階段，就是默觀、臣服、覺醒、開悟、解脫、自在了。你心智機器編造故事的功能將會完全停止，你將不再給自己製造任何苦難。你會完完全全與神性、佛性或宇宙意識合一，完全活在當下。第三階段的主題，就是自在、如是。

3-4 不同階段，需要不同方法

不要爲明天憂慮，因爲明天自有明天的憂慮；一天的難處一天當就夠了。

——〈馬太福音〉6:34

我們可以用下頁上方這張圖來了解從第一到第三階段的變化。由左邊到右邊，是第一階段到第三階段的過程。

而靈性的成長，也從充滿限制性的小我回歸到充滿無窮富足、無條件愛的喜悅當中，也就是所謂的神性、佛性或宇宙意識。

很多書籍或老師會把神性、佛性或宇宙意識稱為「大我」或是「高我」。我比較不認同那樣的說法，因為那樣的說法暗示著你與佛性、神性或宇宙意識是分離的。我在這邊把它稱之為「本我」或「真我」，也就是原本真正的自己，你與你原本內在的神性是無二無別的。

從圖中可以看到，當你處於充滿限制性的小我狀態時，你所使用的技巧或方法（觀想、念力、吸引力法則）就不可能達到本我所具有的無限存有狀態，因為

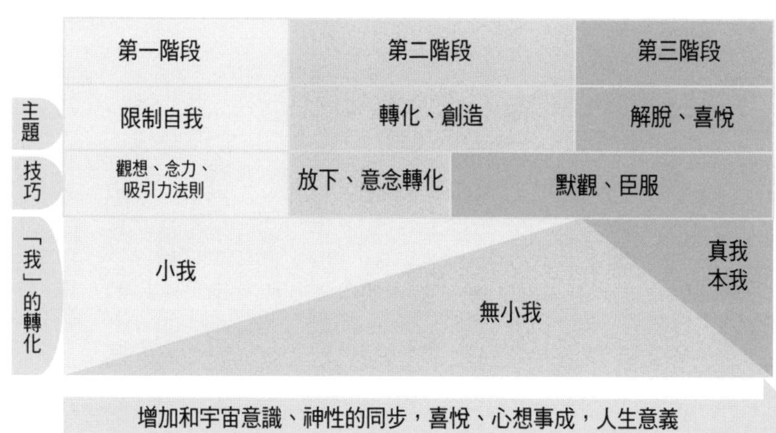

兩者是矛盾且無法並存的。

舉例來說：當你按照吸引力法則所言，先觀想一個你要的，當意圖達成時，你的目標在那個同時就已經被限制住了。你怎麼知道你想要的目標對你來說真的是最好的呢？但在觀想過程中，你已經放棄了其他的可能性了。就像想中樂透的人往往會說：「只要讓我中兩億元就好了。」你怎麼知道你的人生只能中兩億元呢？

透過以上這個圖，相信對讀者來說是淺顯易懂的。換句話說，所有在第一階段的技巧與方法，都必須符合第一階段的特性：在最後的階段失敗，如此才能巧妙地達到限制你的目的。之所以存在這樣的目的，就是為了讓你察覺到這個世界哪裡不對，開始對自己根深蒂固的信念感到存疑。這是引發每一個人身心靈成長與轉化的契機。

所以由此可知，所謂「吸引力法則」不是法則，因為凡稱為「法則」者（像是萬有引力），就必須是百分之百成立，才能如此稱呼。它之所以沒效，不是因為你做錯了什麼，並不是還有什麼你不知道的祕密，單純只是因為它並不是一個法則。

試想，如果這個法則成立的話，你生命中所想過或害怕的壞事，不就通通都會發生了？相對地，你從來沒想過的好事為何也會發生呢？

我們原本就是無限存有，本自具足。我們之所以能有任何的「創造」，其實也只是把原本就已經存在的東西「重新發現」而已，當中根本也沒有麼創造可言。與其要說什麼「吸引力法則」或是「創造法則」，我認為「重新發現自己原本就有的法則」，這樣的名稱可能會更貼切宇宙真正運作的方式。

在我的觀察與經驗中，使用所謂「吸引力法則」，只要能成功到百分之六十至百分之八十就很厲害了，因為這是屬於第一階段的技巧，必須符合其限制性的本質。

而要進入到第二階段，必須透過一個反洗腦，把第一階段種種限制性信念洗掉，重新設定安裝的轉化過程。

成功轉化進入到第二階段後，你會過著與第一階段完全相反的人生，你會每天都迎接新鮮事物的到來，因為你發現到，生命發生的一切都是你最完美的創造。而你也已經來到了開悟解脫的大門了。

第三階段，就是解脫自在了，這就是佛經所說「不可說」的境界。

在我個人的經驗中，的確是如此。當我處在「如是」或是那「臨在」之中，我只能是那個臨在、那個如是。當我想要形容那樣的感覺時，我就不再是那樣的狀態。我只能用許多比喻的方法來形容，但每一種方法都會使它失真。

我個人覺得最有趣的事情是，進到第二、第三階段時，所有以前似懂非懂的佛經都真的懂了。堪稱佛教空性最高的《金剛經》，那個「原來如此！」我也終於了然於心。

我發現到，當你還處在第一階段時，想了解第三階段的內容，基本上是徒勞無功的。沒經過轉化之前，幾乎是不可能做到。這就像要一個國中生來解大學的微積分一樣，根本不可能看得懂。

來到第三階段，也就沒有第一、二階段裡所謂的方法或技巧存在了。你會時時處於永恆的喜悅當中，也不再想要去修改任何人事物了。當然，這覺醒只是一個開始，後面的旅途仍然很長，但卻很有趣。

最後我要強調的是，在你大致了解身心靈成長裡三個階段的分別之後，你會發現每個階段適合的方法都不一樣。因此當你使用了不適合現況的技巧，企圖想改變自己的人生時，就會給自己製造出莫大的痛苦與後果。這一切都是為了符合第一階段的特性。

你必須要知道，自己在這身心靈旅程的哪個位置，以及什麼方法對你是最有效的，才能讓自己更加深層快速地成長。

第二、第三階段的詳細內容並不屬於本書的討論範圍。而放下技巧具有其他技巧所沒有的特性，它可以很巧妙地在第一、第二階段中變化使用，也可以搭配第一階段的所有技巧，讓它們發揮原本宣稱的效果，最終帶你來到第三階段的大門口。

明白很多所學的技巧為什麼沒有成效的原因之後，我們準備更深入學習放下的技巧吧！

ch 4 抗拒與逃避

4-1 想要搞懂問題

每個人都是製造自己幸與不幸的人。

——西方諺語　佚名

在個案與教學中，我常常被問到：「我的人生究竟是怎麼了？」或「到底是出了什麼問題？」如果你曾仔細觀察周遭的人，應該也可以發覺，每個人在每天的生活中，都充滿著「問題」，並且忙著「解決問題」。

佛教的《百喻經》有這樣的一則故事：

曾有一名中箭者生命垂危，親人把他帶到醫生面前請求救治，沒想到，中箭者竟然說：「我不要拔除這支箭，除非我知道射箭的人是何姓何名？名字是長是短？膚色是黑還是白？是王族？婆羅門？商人還是平民？還有，這支箭是從東南西北哪一個方向射來的？」

接著，他又說：「我不要取出毒箭，除非我知道這弓是用什麼材料製成的？弓靶是什麼顏色？製成弓柄的材料是什麼木頭？弦用什麼動物的筋綁成？箭尾的羽毛又是屬於哪種禽鳥？而箭頭是以何物製成？這支箭的製造者的姓名住處……」

可想而知，這個愚癡的人執著於虛無的問題而不接受救援，最後答案未解就一命嗚呼了。

之所以分享這則故事，是想告訴讀者，回溯或搞懂問題未必不好，卻也不一定是必要的。就像有人很喜歡探討因果與前世，透過種種方式去解讀，給自己心理上的安慰；可是研讀了很多前世回溯的案例後，我發現許多回溯出來的前世問題，其實跟個案當下的人生問題差不了多少。

人們通常會把痛苦的根源，視作「問題」，在越是痛苦的情況下，往往越是想要去「解決問題」；久而久之，我們把解決問題當成是一種習慣，每當在生活中感到痛苦不適，就開始玩起「發現問題」的遊戲，試圖找到問題，然後解決問題。殊不知，就像痛苦是我們所創造的一樣，問題也是我們所創造的。

電影《蝴蝶效應》的男主角不斷回到過去，想要改變自己的人生，希望能盡善盡美，但最後總是越改越糟糕。其實，真要回溯的話，沒完沒了，而且可能追根究柢到最後，卻覺得生命中最大的錯誤，就是自己誕生於這世界。這又何必呢？

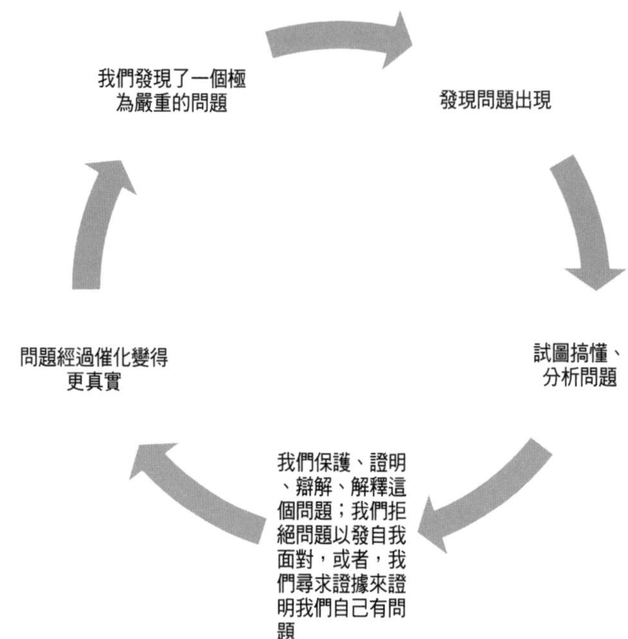

不曉得你是否覺察到，我們與問題之間的關係，存在著一個弔詭的循環：發現問題出現→試圖搞懂、分析問題→我們保護、證明、辯解、解釋這個問題；我們拒絕問題以及自我面對；或者，我們尋求證據來證明我們自己有問題→問題經過催化變得更真實→我們發現了一個極為嚴重的問題→發現問題……如此一直循環。

人為什麼要鑽研、搞清楚問題？

在很多身心靈書籍中，把大腦稱為「心智」（mind）。但是我認為這樣容易造成混淆，因為一般人看到「心」這個字眼仍會認為有「心靈」層面存在著。

我在本書會把大腦和心統稱為「心智機器」（mind machine），因為大腦和心智在身心靈的作用，僅僅是遵守著機械式反應來運作的。

心智機器具備不會停止運轉的全自動思考功能，透過你從小被限制後的種種信念與經驗後，它所出現的思考與結論都不是客觀的。不論我們在進行什麼事情，它都是不斷地在思考，並且提供各式各樣的資訊給我們。也就是說，當你相信一個負面念頭時，心智機器更是會用盡各種手段來證明「這是確切存在的事實」給你看。

有一個個案，她曾經因為男友劈腿而與男友分手。後來雖然她原諒了男友，復合後男友也對她更加疼愛，但她仍然每天提心吊膽，害怕劈腿的事情再度發生在她身上；所以她不斷去偷看男友的筆記本以及手機以求心安，但即便沒有任何發現，仍無法平息自己的猜疑心，覺得很痛苦。男友明明就對她很好，但是她的內在根據過去的經驗，編織了許多故事，讓她無法相信與接受男友，不知道如何在這段感情繼續走下去。最後在我的幫助下，經由放下這些情緒與想法後，她改善了許多，跟男友的相處也變得更好了。

當我們為自己所認知的「問題」而苦惱時，心智機器裡面儲存的資訊（經驗得來的解決方式）很自然地成為我們用來抗拒苦惱的幫手。看似很方便省事的捷徑：問題出現，心智機器主觀的判斷並且下決定。然而，這樣子做對我們真的有幫助嗎？很遺憾地，僅僅在極少數的狀況下有。我認為，心智機器只適合拿來做簡單的工作，像是數學計算，或計畫明天的行程而已。

大部分時候，我們只是拿著過去的資訊，不斷在心智機器裡回收再回收，這對我們一點幫助都沒有，甚至只會讓問題持續，或不斷製造出同樣類型的問題，來讓自己困擾不堪。

沒錯，當你想搞懂一個問題時，代表著你想要同樣的事情再度發生，如此而已。

在 **NLP** 的假設前提中有提到，一個人不可能重複做同樣的事情，但卻希望得到不同的結果。

如果你曾經不管怎麼思考都得不到答案的話，那不如換一個方法試試看吧！放下會是一個不錯的選擇，而往往當你放下的時候，你之前一直想不到的答案可能就會突然出現了。

《金剛經》提到：「過去心不可得，現在心不可得，未來心不可得。」意指過去的一切已經過去了，所以都結束了。未來的事情還沒發生，所以也不具備任何可以影響你的力量。

人們往往會用過去有限的、不好的經驗來投射未來，這就會產生對未來的恐懼與不安。克里希納穆提也曾說過：「思想無法感知未知物，因為它本身就是已知經驗的產物。既然思想無法把握未知，而它又試圖去了解未知，那麼畏懼感就會油然而生。」

由此可知，其實我們能擁有的，只有每一個當下。所以，當問題出現時，我們應該怎麼辦呢？

很簡單，我們只要回歸到自己，把心力專注到當下需要面對的問題。只要釋放掉想要改變這些事物的念頭和情緒，讓它們從你心中消散就可以了。當你活在當下時，你會自然地被內心的引導所驅使，如此才能活出生命的意義，彰顯生命的價值，進而創造一個平順天然的世界。

透過「放下」快速解決問題

當問題出現時，你會以為生命陷落了；它會影響你如何去感受一件事情，入侵你的直覺思考，降低你的邏輯能力，使你無法做出「正確」的選擇（在第二、三階段的觀點裡，生命是不可能有錯誤的；但在二元對立的第一階段世界裡，我們暫時認定是有所謂正確和錯誤的選擇）。

以下的步驟可以在生命中的任何處境，單獨或合併其他技巧使用。這些方法可以幫助你快速並且輕鬆從問題中脫身，回歸生活軌道，更能讓你避免生命中任何不必要的掙扎和痛苦。

放下的力量
練習03

放下「想要搞懂問題」的念頭

步驟❶：請使用放下技巧的三個問句，放下任何想要了解、搞懂任何問題的「意圖」，包括「想要做些什麼來改變」的感覺。

步驟❷：透過放下技巧的三個問句，放下任何關於想要解釋、證明或辯解這個問題的意圖與衝動。

步驟❸：使用放下技巧的三個問句，放下任何關於自己與問題的抗拒。換句話說，請全然接受原本的自己，包括全然接受這個問題。

步驟❹：藉由放下技巧的三個問句，放下任何想要在在生命中尋找「超越問題」或「反證問題」的任何證據與意圖。

完成上述練習後，請再感受一下，你是否對問題仍有任何起伏的情緒？即使非常細微也算。如果有，請再反覆嘗試一次。

釋放人生隱而未顯的問題

前述的練習，可以讓我們在最短的時間內跳脫困擾與問題窠臼。不過，人總是有惰性，我們通常只會在面臨問題時才進行放下，但這並非唯一使用它的時機！這就好比泡麵是颱風天的備糧，但不代表我們只能在颱風天才吃它，日常生活只要肚子餓、想吃，當然也可以吃。

放下問題也存在著一樣的道理：即使問題並沒有顯現或對我們造成當下的衝擊，我們一樣可以透過日常的練習，放下生活中你所想放下的任何事。

4-2 抗拒變得更好

如果你放棄一點點，就能獲得一點點平靜；如果你放棄許多，就會得到更多平靜。所以，無論你執著何處，放下它，回到中心。學習以平衡和開放看待生命的流動。

——禪修大師　阿姜查

知名電視製作人王偉忠分享了他的人生哲學：「表裡一致，自由自在……比較容易面對人生。」於是「坎坷的命運，最後都變成了我的喜劇」。

我一直在強調的就是，只有表裡一致、內外合一的放下，才是真正的放下。如果放下這件事會讓你覺得勉強且辛苦，就代表著內心是有所抗拒的。

美國心理學會的研究指出，美國人認為自己難以達成目標的首要原因，就是缺乏意志力。其實這說穿了就是抗拒。人對於不好或不喜歡的事情，會很自然想去抗拒。

在第一章提到，內在的抗拒會使你停滯不前，即使你知道改變後事情可能會發展得更順利，而且即便做這個改變對你來說輕而易舉，你也不想去做出這樣的改變。抗拒這東西，到底是什麼呢？

兒時我們可能都有這樣的經驗：鬧鐘響了，明明知道再不起床就會遲到，卻想再睡一會兒。尤其當媽媽衝進房間命令我們起床時，說也奇怪，就算你已經清醒了，嘴巴上仍會說：「再讓我賴床五分鐘！」

這個生活化的例子，點出一個重點：「抗拒」是一種內在的自我破壞，而且經常性發生。這是因為我們活在一個時時「應該」、「一定要」、「必須要」的世界裡；因此，當我們面臨這種要求的時候，抗拒就會出現。

露易絲．賀（Louise L. Hay）在《創造生命的奇蹟》裡面說：「我認為『應該』是人類語言之中最具傷害性的字眼。每當我們說『我應該』時，無異於在說『我錯了』！不是現在錯，就是過去錯，不然就是未來會錯。」

由此可知，在我們的一生中，有太多自己覺得「應該」改變的一切，比如瘦身、戒菸、離開一段不適合的感情、中止懶惰或髒亂與浪費之類的惡習等等。如果我們把這樣的場景重現，你會發現「自我抗拒」的戲碼可能經常上演。那正是最大的障礙。

這是我們心智機器（大腦）的本能，我們不喜歡被別人要求做任何事，包括自己。但是，我們卻在無意識中，持續用這種模式來對待自己，然後煩惱為什麼永遠達不到自己想要的目標。

放下與抗拒是一種矛盾。當抗拒出現時，你就無法內外合一了。這樣的矛盾，就像是開車時一面踩油門、一面踩煞車，會令我們動彈不得。

當生命中沒有了抗拒，你的人生就會徹底單純化。當你決定去做什麼時，就能夠貫徹始終地執行下去；當你決定不要做什麼的時候，就能夠斷然地放下。

怎麼才知道你在抗拒呢？很多時候，你可能不會發現它的存在。

抗拒會在很多不同的情況與型態出現，往往是很細微的。可能只是讓你忘記了一件重要的事情；或許是你不知不覺選擇遠離一個對你有益的社交圈，等到你發現的時候往往為時已晚；如果你的口頭禪是「啊，我忘記了」、「我太粗心了」，或是遭批判時你想也不想就先辯解一番來護衛自己。這些都是很細微的抗拒，可見經常維持在觀照自己與保持覺知的情況有多麼重要，它們是通往療癒的第一步。

再來看一個減肥的例子。有些人開始接觸並且減肥一段時間了，在過程中都做得很好，體重也變輕，看到鏡子中變窈窕的自己，開心極了。然而，過了幾天，幾個星期，幾個月，你或許會發現，你很難說服自己再持續下去；即使你知道變瘦對你的人生有多大的幫助，而且你也曾深深的體驗過，但是，你就是無法繼續了。為什麼會這樣？

這是因為內在的抗拒出現了。

抗拒最強的是什麼時候呢？會是當你心中滿懷期待，想要讓某些事發生的時候。「期待心」對於心想事成來說，是最大的阻礙與抗拒！

當你想要擁有更多錢時，這念頭代表著你當下沒有錢。當你想要改善一段關係時，這念頭代表著你當下的人際關係是有問題的。

我們生活在一個二元對立化的世界裡面：有光明，就有黑暗；有男人，就有女人；有好，就有壞。你的每一個起心動念，必定伴隨著一個相反的念頭（抗拒）與力量。所以在第一階段使用「心想事成」這個方法的成功者，都必定了解如何釋放這個抗拒，也就是放下抗拒。

好消息是，你可以放下抗拒，就像你放下其他的感覺一樣。那麼，我們針對「抗拒」，來進行放下吧！

Case 放下技巧改變氣味

辦公室的同事常會用護手霜保養纖纖玉手，但某知名品牌護手霜的香氣實在讓我難以忍受。每回坐在隔壁的同事只要一拿起護手霜，我就希望能夠趕緊逃離座位，或是以手摀鼻。

長久下來，也怕自己的行為太突兀，而傷了彼此的和氣，更不能告訴主管想換座位，原因只不過是瓶護手霜的香氣。

有一天在家裡，就想以放下技巧來釋放護手霜味道帶給我的不舒服感受。

說也奇怪，隔天到辦公室，同事使用同一瓶護手霜，我居然再也聞不到那令我作嘔的香味了！經過幾週後，同事居然更換了一瓶新的護手霜，而它再也不會影響我的情緒了！我想這應該歸功於放下技巧的神奇魔力吧！

4-3 放下「抗拒」的自我練習

聽好了，人都會有討厭的、煩惱的、在意的事，不要去想它們。這種事只要一思考，就會變得更嚴重。如果只是放在心上，就不會那麼沉重，用腦袋去想的話就完了。

——伊秘幸太郎《華麗人生》

放下的力量
練習04

放下抗拒

放下抗拒的技巧是可以隨時隨地使用的，甚至有些人使用放下技巧到一個程度，也就不想再放下了，這也是內在抗拒的一種。這時候，也可以幫自己做放下抗拒的練習。

步驟❶：請找一件你生命中在抗拒的事情，作為練習標的。

它可以是關於你的朋友、你的親戚、你的身體、你的心理，甚至社會上發生令你不能接受的新聞事件。總之，任何讓你產生反抗心態的事情都可以。

例如：媽媽要我吃掉討厭的紅蘿蔔。

步驟❷：試著歡迎與接納這份「抗拒」的到來。

試試看，如果在這個當下，你心裡有任何對媽媽或對紅蘿蔔的抗拒，你可以單純的接納它、歡迎它的到來嗎？你可以就讓這感覺單純出現在你心中、放著就好嗎？

步驟❸：問你自己：「我可以放下這種抗拒的感覺嗎？」

答案如果是「不行」或「我不知道」也沒關係，請繼續下一個步驟。

步驟❹：接下來請繼續問自己：「我要放下這種抗拒的感覺嗎？」

不管前面你怎麼回答，都請進行這一個問句，並且順著自己的想法作答；再進入下一個步驟。

步驟❺：問你自己：「我什麼時候要放下這樣的感覺呢？」

無論你想回答什麼都沒關係，重要的是請誠實面對自己。

步驟❻：重新審視你對這件事情的感覺，如果還有抗拒，試著多做幾次。

比如說，重新看看吃討厭的紅蘿蔔這件事情，現在還有那麼討厭紅蘿蔔嗎？

在做過幾次放下抗拒的練習後，你會感覺到這之間的差異，甚至有些令你不滿與煩惱的事情，可能已經產生新的契機。想像一下，如果你與你媽媽之間經常因為吃不吃紅蘿蔔而吵架，那麼現在你已經不再抗拒吃紅蘿蔔後，和媽媽的吵架肯定會減少的，不是嗎？

當你開始放下對生命中各種事情的抗拒時，你會發現，你的世界隨之改變了。不管怎樣，生命都會呈現它原本的形式與樣貌。當你不抗拒時，你會發現生命像是一條河流，你可以在上面隨波逐流，而且它也會一直載著你，通往你想要去的目標。

Case 讓媽媽乖乖洗碗的祕密

我生長在單親家庭，跟母親住在一起。我母親很愛烹調，也很會烹調，可惜唯一的缺點是她不愛洗碗。

我們已經為了洗碗的問題吵過好幾次，她經常告訴我，女人會煮東西就不會做家事，會做家事就不會煮東西。我一直拿她沒輒，也只能每天看著廚房堆積著很多骯髒的碗盤。如果母親一直都不肯洗，那我只好累積個兩、三天才一次清洗乾淨。

在我上了王博士的課程後，我對於「母親不洗碗」這件事情做了深層的放下。我發現，原來會在意洗不洗碗的人是我，並不是我母親。既然在意的人是我，那我就自己洗好了，畢竟想要有一個乾淨環境的人是我。

我發現，當我放下了以後，在洗碗的時候心中並沒有任何的情緒，只是單純做著我想要做的事情。於是，連續三天的晚上，趁母親熟睡的時候，我都自動自發的把碗盤洗乾淨，甚至邊洗邊哼起歌來。洗完之後，看著乾淨的廚房，我的心情好多了。

最讓人訝異的事情發生在第四天，我工作回家後，發現母親「乖乖」的把碗盤都洗乾淨了。這狀況到現在將近一個月仍不斷維持著，每天回家看到乾淨廚房的感覺真是太棒了！我只能說，王博士的課程讓我覺得太神奇了！

王博士補充說明：

很多人會問，如果一直接納與放下別人的過錯，對方難道不會得寸進尺嗎？放下會不會讓人太軟弱？

首先，不肯原諒別人的過錯就是自己內心不肯原諒自己的那一個部分。在上述的洗碗案例，很明顯的，我們無法改變別人，但是當個案自己做出接納與放下時，母親是會跟著改變的。因為你已經不再使用過去不適用的方法來面對同樣一件事了。

接納與放下一點都不軟弱，能面對自己並做出改變，這是真正的勇者行為。

4-4 放下對現實的抗拒

覺得「自己不行」是因爲心裡已經決定「不想做」的緣故。

——荷蘭哲學家 斯賓諾莎

所謂的「抗拒現實」，就是當事人拒絕去接受某些可能不符合他預期的現實，並透過某些方法企圖改變現實。例如向別人抱怨、希望別人改善，或者不接受別人的勸說、不願意原諒他人（認為原諒是一種軟弱與臣服），於是不停以抱怨來伸張自我。

在現代社會，抱怨與牢騷往往是茶餘飯後最常出現的話題；上班族抱怨同事，家庭主婦向自己的丈夫發牢騷，父母對著子女挑三剔四。人總是會認為需要把自己的不滿宣洩出來，在彼此情緒低落時「相互支持」是理所當然的。不過，同樣的事情抱怨一遍、兩遍、三遍，除了抱怨之外，有任何建設性與改善嗎？

答案通常是否定的。即使有，也只是短暫的改變。甚至，到後來成為一個無限重複的跳針迴圈。

家中有長輩的人一定有類似的體驗。老人家新的記不住，舊的卻忘不掉，因此，一些芝麻綠豆的小事，往往過了十年後，他們還掛在嘴邊：「十年前啊，那個某某某真不應該！他竟然敢對不起我。」而這樣的反應，其實就是代表當事人在不自覺中，深深陷入了「抗拒」的陷阱。乍看之下，這樣的行為好像跟「抗拒」沒什麼關係，可是這樣反覆抱怨，恰恰反應出了當事人的心態——「抗拒現實」。

這些人誤以為可以透過抱怨的手段來抗拒現實，並且希望透過這樣的行為來改變別人，殊不知，改變的關鍵與責任其實都在自己身上。然而，誠如你我都清楚且切身經歷過的：經過這些抱怨，事情並不會有所改變。

每當我們去指責他人、希望他人改變時，其實都是我們在抗拒改變自己。如果你認為某人很任性，那我想你一定知道，他的任性並不會因為你的抗拒而有所改變。

每當我們去指責外在環境，一味希望環境改變以配合自己時，其實我們是在抗拒環境的改變。

如果今天颱風，下起大雨，你知道這大雨並不會因為你的抱怨或抗拒而停止。當你想要與現實對抗的時候，那是沒有希望的，就像桌子不可能變成汽車一樣；但是每當你抗拒現實，你就會痛苦。因此，在這個時候，我們必須要放下的就是：那個企圖去改變現狀，以及與現狀抗拒的想法與情緒。

當你想要改變卻又無力改變，或者心裡交戰著「算了吧！改變不可能有效的」這些聲音時，顯然地，你落入了「抗拒現實」的陷阱。因此，在以下的練習中，我們要做的就是：從最根本來放下，放下任何企圖改變現實的想法與意願。

放下的力量 練習05

放下「與現實抗拒」

步驟❶：選擇一個練習標的。

請想一下，生命中有什麼是你一直想要改變的。可以是你另一半令你看不順眼的習慣、你的存款數字（嫌太少、希望增加）、你的身材（努力想瘦下來）、你的鄰居（他們的言行或生活習慣令你困擾，而且屢勸不聽）、你不喜歡的政黨等等，任何人事物都可以。

步驟❷：請盡你所能地，歡迎並接納任何想要改變這些人事物的感覺。

例如，你想改變他們，是因為你渴望過得更好，或者他們那些令你想要勸他改變的言行，帶給你厭惡、不安、煩悶。請記得，我們並不是要你裝作這些感受不存在，相反的，我邀請你，盡情展現那些嫌惡與不滿。就請給自己一點時間，讓這些有如泉水般湧出的感覺，停留在你的內心。

步驟❸：詢問自己：「我可以盡我所能，放下想要改變這些事物的感覺嗎？」

不論內在給予你的答案為何，請繼續問你自己：「要放下嗎？」、「什麼時候放下呢？」

步驟❹：專注在這件人事物上，觀察自己的感受，或者再次進行放下的步驟。

你可以重複放下這種想要改變事物的感受，直到你感覺到內在完全地接受這個現況，不會生起想要改變的意圖為止。

請記得，放下抗拒不代表容許別人來控制你。你仍可以保留你的思想與信念，但你要學會分辨，哪些是能夠為你所用，而非阻礙你成長的東西。

如果你曾學習過武術，像是合氣道、空手道或跆拳道等等，當你用握緊的拳頭攻擊對方時，你會傷到自己；如果你放鬆一些、不抗拒時，你反而會有更大的力量。

武術家也都了解，當對手攻擊你時，只要不抗拒，就可以四兩撥千斤，反用對方的力量巧妙的反擊。同樣地，如果你可以放下無論有意或無意間產生的抗拒，將會有更強大的力量，以及只需要較少的掙扎，體悟到一切「如是」，就足以面對生命的一切。

我在國外曾經和一位合氣道的大師聊天，我問他是如何每次都站得那麼穩，不會被對手摔倒？合氣道大師笑著說：「我從來都沒有站穩過，我只是在每一次失去平衡時，比別人更快速讓自己回到中心點而已。」

學會放下技巧，同樣不代表你就不再有任何情緒，只是每當情緒出現時，你會比別人更快覺察、釋放，然後回歸到最棒的自己。

4-5 逃避

人生不如意的時候，是上帝給的長假，這個時候應該好好享受假期。突然有一天假期結束，時來運轉，人生才是真正開始了。

——《長假》

除了抗拒以外，當人們遇到不想面對的問題時，另一個典型反應就是逃避。關於這一點，我們可以歸究於人的天性：人都是習慣性逃避痛苦、逃避不舒服的情境，所以有時候我們會做一些事情來逃避感覺、逃避放下，甚至逃避達成目標。而現代人逃避的典型行為包括：

● 沉迷網路世界

社群網站、新聞與討論、網路拍賣與線上購物、線上遊戲、不斷確認電子郵件與手機訊息等等。

● 關注 3C 產品

在手機、電視、電腦，或其他電動玩具、電子用品上花費時間與金錢。

●耽溺社交與休閒

即便不十分感興趣，也一樣接受邀約與朋友出去；或找理由逛街、看電影、做家務、聽音樂，因疲勞感不減而大量補眠。

●其他上癮現象

如大量飲食，深陷於菸酒、毒品、賭博及流連聲色場所等。

看到這裡，也許你會有所質疑，上述部分除了菸酒與毒品較無正當性，其他不都很容易存在於生活中？其實，這些行為本身並沒有什麼問題，但若當我們是帶著逃避而非投入的心態去做的時候，它們就會變成問題了。

你知道，當你只是單純享受咖啡的味道，品嚐咖啡的感受，遠遠勝過你想透過喝咖啡來提神。其他事情也一樣。

在生命中，如果只透過這些行為來逃避，而且沒有適時自我察覺，最直接的反應，就是會讓你疲乏以及削減能量；因此，你會發現這份疲乏與無力感，總是讓你想要賴在沙發上、看電視、漫無目的上網遊蕩、過度沉迷使用手機……這種種行為，其實是用來掩飾你的抗拒，尤其是當你在上面花了太久時間，超過原本是放鬆或轉移注意力的範圍。

當一個人白天因為工作面對網路，而感到疲勞困頓時，回家後卻依然透過上網（或使用手機）來紓壓，你幾乎可以確定，這之中有很嚴重的情緒問題。然而這樣做的後果是：你無法從本身所創造出的能量與情緒中逃離，這些問題遲早會再次出現；除非你誠實面對與釋放，才可能被消除。

你可能早就發現，你的感覺還有情緒，都會影響你平常心智的清明及辦事的效率。你也知道，當你放下某些事情時，不但心情會比較好，而且事情處理起來也事半功倍。

如果用電腦來比喻的話，負面情緒的累積，就好像你執行了很多用不到的程式，然後發現，當你要在工作列上找真正需要的程式時，就得花一番力氣；就算你順利地找到了，比方你打開WORD檔案開始著手整理文件，可是你會發覺，就連單純打字，都會顯得遲緩而不流暢。為什麼呢？因為旁邊這些你用不到的程式，雖然表面看起來沒有妨礙工作，實際上卻早已占據了系統的資源，讓你無法使用全部的效能。

負面情緒也一樣，表面看起來沒有任何妨礙，可是，實際上依舊占據了你的內心，耗用你的心力資源。所以，進行深入放下，把這些內心的垃圾從記憶體與資源回收桶清理掉，是有必要的。

約莫二三十年前，「EQ」的概念開始流行起來，也就是鼓勵大家要有足夠的情緒控制能力。這也意味，人要能從負面的情緒迅速脫離，並且盡量長時間維持著正面的情緒。可是，把傷痛的情緒轉變成開心，是有可能的嗎？

當然可能！然而，想要洞悉這樣的奧祕，首先要了解到，情緒並不會產生痛苦，痛苦是來自於對情緒的抗拒與壓抑。不管你的情緒是什麼，不論你究竟是感到恐懼、傷心抑或憤怒，這些都只是出現在身體當中的一種能量。當你對這種能量產生抗拒，才對自身產生了不當影響。

因此，我們可以說，心智機器有一個不好的習慣——替一切體驗，包括能量（情緒）貼標籤。也是在這個當下，這被貼上負面標籤的能量就變成你所不想要的了。由此可知，你所感受到的不是能量本身，而是你建構出來的抗拒。

由能量的觀點來看，喜悅和痛苦的本質其實是一樣的。能量在體內流動，如果它流動到一個你所抗拒的想法或信念，你所體驗到的就是恐懼；如果它流動、穿過的是你想要的想法或信念，你所體驗到的就是喜悅。

因此，壓抑情緒能量，就等於壓抑你本身的生命能量。把這個能量轉化到喜悅的方法很簡單，只要「放下抗拒」就可以了。一旦你放下，這些能量自然會由你的身體中被釋放出來；於是這個能量轉變成對你是有用的，你釋放它並且把蘊藏於其中的寶藏收回。

倘若你試圖壓抑，則會導致壓力以及能量阻塞，而在身體裡阻塞的能量，就會變成疾病或其他的方式呈現出來。

所以，應該要怎麼辨呢？只要讓這些「負面」的感覺自然流動，讓它們直接穿過身體就好了。

為什麼？因為實際上，「負面」的情緒或是情緒所帶來的傷痛，都不是真的，這些痛苦都是你的心智機器對於這個感覺的評斷，是你把這個感覺貼上了標籤，用你的觀點來分析而已；能量本身並不會讓你感覺到痛苦或不好，唯有「抗拒」才會讓你感到痛苦，你才會需要逃避。

國外有心理學家做了一個有趣的實驗，他們讓試驗者每週日的晚上把下周的煩惱寫下來投入一個箱子裡。三週之後，心理學家在試驗者面前打開箱子。

結果百分之九十的煩惱都沒發生。據統計，一般人的憂慮有百分之四十屬於過去，有百分之五十屬於未來，只有百分之十屬於現在；而百分之九十二的憂慮從未發生過，剩下的百分之八則是能夠輕易應付。

那麼，你還有什麼好抗拒與逃避的呢？

4-6 判讀身體訊息，協助放下情緒

一個人情緒低落，疾病就會控制他的驅體。

——法國現實主義作家 巴爾扎克

並不是每個人都對自己的情緒很敏感，當情緒受到壓抑時，就會造成能量堵塞，引起疾病；因此，我們也可以透過每次身體產生不適時，進行自我檢視。當你感到不舒服時，看看在身體某處是否緊繃、緊縮、沉重感與不輕鬆。如果想知道特定疾病與情緒的訊息時，請參考《不開心，當然會生病》。

就人體傳統上較容易因情緒產生反應的能量中心如下：太陽神經叢（胃部）、心輪、眉輪（額頭）、頂輪。這些都是比較容易被感覺到能量阻塞的地方。當然，其他像是喉嚨、足部、頸部、肩膀、嘴唇及臉部都有可能，甚至有的人會感覺到全身被能量場包圍。

不舒服和緊繃的感覺，大家應該都能輕易感受出來。那麼釋放、放下的感覺又是什麼呢？我用以下的詮釋，來幫大家進一步了解放下與釋放的感覺。

- **開啟性**：打開、開啟、打開一扇窗。
- **容許性**：容許流動、容許存在、容許穿過；放一根無形的能量管，讓能量流出來。
- **放棄掙扎**：放棄抗拒、放棄想要改變；讓它消除、溶解。
- **共同存在**：與之同在、進到中心；單純感覺它，並放在心中。
- **歡迎與接納**：歡迎、接納它；歡迎接納所有跟它有關的感覺、回憶、情緒等等。
- **放鬆**：放輕鬆、鬆開手；放手、放下。

以上其中一個狀態或是組合的出現，都足以使這能量消除與釋放。但是，其實被消除的並不是能量，而是「抗拒」、「逃避」以及生命中的矛盾。

當你持續練習放下的技巧，會帶給你十分微妙的改變，不論是恐懼、憤怒或悲傷等負面情緒，感覺起來都不再像它字面的意義那樣令人不愉快，反而會像「溫暖」、「放鬆」，甚至「喜悅」。

雖然這本書所提供的方法是屬於情緒釋放中的基礎技巧，或許你會花幾個小時甚至幾個月後，才會看到實際的明顯感受。但是，一但當你看到效果的時候，就會打從心裡深深的感受到：生命中最有價值的投資，就是「當你決定放下的這一刻」。

要看到這個練習與轉化的過程，可能耗費你幾小時，也可能需要幾個月。在我來說，放下技巧是一輩子受用無窮的寶物！放下，它只會在一切準備好時自然展現，因此，如果一開始你辦不到，真的不用氣餒或勉強自己；別忘了，揠苗助長也是一種抗拒，若覺得放下得不夠快，也可以嘗試著「放下不夠快」的想法與情緒。

總之，請放下急躁的心，讓宇宙處理一切吧！

ch5 進階的放下技巧

5-1 潛入問題的核心

一個人的意念提升，便可以進步、致勝與成功；他也可以拒絕轉變，維持懦弱、可悲的現狀。

——人生哲學之父　詹姆士．E．艾倫

在實際的個案與教學經驗中，常常有人向我反應：「如果當下情緒起伏太大，無法在察覺到情緒的當下，立即使用放下技巧，該怎麼辦呢？」這種時候，我就會建議對方，等到你心情較平和，再潛到情緒的核心，進行放下。

下面的技巧就是潛到情緒的核心來進行放下的做法。這個方法適用於比較強烈的情緒，而它跟其他技巧不同的地方在於：一開始操作時，負面情緒可能會有短暫被放大的現象，但是只要你潛得夠深，去體會情緒所帶給你的感受，你就會看穿它的本質。

放下的力量 練習06

深入情緒

步驟❶：請在截至目前為止的人生中，找出你希望改變或是有所不同的事情，而且你對於這件事情懷抱著相當程度的情緒，以此作為標的。例：她欺騙了我的感情、老闆欠我三個月的薪水卻跑路了、我被倒會了等等。

步驟❷：想像你的心中是一片汪洋大海，裡面蘊藏著你的人生所經歷的一切。試著讓自己投身在這片汪洋中，就像一顆鵝卵石般，輕鬆徜徉在自己的內心世界，慢慢地往下沉。

步驟❸：專注在你希望改變的事情上，然後單純的歡迎、接納你對這件事情的感覺與情緒；就讓這些感覺與情緒在你的心海中出現，並且試著「進入」其中，不要逃避與批判自己。

步驟❹：在現在這個當下，可以繼續深入探索你的心海，更深入地感受你對這件事情的感覺與情緒；請持續深入探索，讓自己更深刻感受這整件事情，並且實際去體會，任何關於這件事情的想法、感覺、情緒。

步驟❺：請持續繼續深入下去，問自己：「還可以更深入一些嗎？」如果現在還感覺到不適，就允許自己更深入一些。雖然你直覺上可能不想這麼做，不過沒有關係，容許自己再更深入一些。想像自己所是的那顆鵝卵石，像自由落體一般，自然而然地落入問題的核心，越來越深、越來越深。

步驟❻：持續這樣深入的過程中，如果你還感受到一些不適，內心還是對這件事情感覺到混亂，那麼，可以試著以下用三個問句，把這些感覺放下嗎？

- 我可以放下這個感覺嗎？
- 我要放下這個感覺嗎？
- 我什麼時候要放下這個感覺？

就這樣，不斷深入潛進自己心海，一邊發掘隱藏於深處的感受，一邊把這些感受放下，然後繼續潛入。

步驟❼：持續重複上述的程序，最後，你會來到一個「感知核心」，不妨感受一下它帶給你的感覺：你感覺到平靜與圓滿了嗎？如果沒有，或是當你聯想到那些令你介意的事件改變的當下，還是存在著不愉快與不適的感覺，那就代表你還可以往下探尋，或者仍需要持續進行放下練習；因為，這都表示你仍然有不想要的能量纏繞著你。

這時，你可以問自己：「這個問題繼續留著，對我有什麼好處嗎？」

無論肥胖或貧窮及種種困擾著我們的人生問題，或許表面上看似困擾，本質卻可能是把我們留在舒適圈的保護色，或者相當程度的自我懲罰（救贖）。因此潛入引發這些問題的情緒本質，是個相當重要的技巧；一旦透過「潛入你內心最大的抗拒」並將它放下，許多問題都能迎刃而解。

總之，在不斷放下的最後，當你沉到最深處，或是讓能量完全流動、穿越你時，你會感覺到比較輕鬆且清明，甚至你會很清楚知道，接下來想要做什麼，而不再受到某些沒來由的思緒與雜緒妨礙。

Dr. Wang 悄悄話

「感知核心」到底是什麼？

這個技巧比較抽象，一般人剛開始可能很難捉摸這個感覺。這沒有一定的公式，所以在我的情緒釋放課程中，往往會花較多的時間，親自一步一步帶領學員找到屬於自己的感知核心。這邊因為文字能表達的有限，所以先行提供一個方便自我探索感知核心的小方法：我通常會請學員們把自己的問題當作是一個游泳池，或是一片大海，然後往裡面跳下去、潛進去。

這個技巧的最後，也就是潛到問題最深層的核心，或稱為「感知核心」。每個人體驗所得到的答案都不盡相同，你可能感受到「穿透了」、「從另一端出現了」，又或者什麼都沒有。沒有所謂好壞的答案。

如果你對量子物理有些許研究的話，你會知道，所有的東西分析到最後都是空的——包括你的情緒。而「深入情緒」也是一個可以隨時隨地實行的放下技巧，尤其適合用於當你面對強大的情緒掙扎時。只要使用這個技巧，潛入情緒的核心，你會發現，裡面是空的！但是神奇的是，其中卻又充滿了無盡的平靜和喜悅。

你可以自己探險看看，有興趣的朋友，歡迎把你潛到最深所得到的感覺跟我分享！如果遇到有恐水症的朋友，我還會在課堂上提供其他的方法，幫助你潛入核心。

Case 使用放下技巧，輕易通過考試

大公司的晉升制度，總有一些不成文的規定。儘管在工作中，英文絲毫派不上用場，但公司就是規定，必須通過英文檢定考試才能晉升。

這對於剛進公司的年輕人而言，可說是輕而易舉的事；但對於脫離學校已久的我來說，英文雖有興趣，但就是無法達到公司的標準。更何況新工作的統計報表特多，常常得熬夜趕製，根本沒有時間好好唸英文，只有睡前把握零星時間翻翻英文文法。

記得去年年底，單位的晉升名單公布，我又因為英文沒通過考試而被排除在外，一時惱怒之下，用了放下技巧（大約十分鐘左右），當時只是一種想要發洩的情緒，做完也毫不在意。

後來的工作依舊忙碌，記得考前一天還在公司加班，根本不把考試放在心上。考試當天想想，報名費都交了，就去畫畫格子吧！沒想到，考試時有一種奇妙的感覺，好像特別得心應手。等到收到成績單時，意外發現我居然通過考試了！

我相信是放下技巧改變了這一切。之前我一直認為，是英文能力不如人而阻礙了我的晉升機會；但其實探究之下，才發現是自身對英文的抗拒才造成的結果。請讓我由衷地對王博士說一聲「謝謝」。

王博士補充說明：

如果你有一些不管再怎麼清除或釋放都無法改善的問題，那極有可能這抗拒是被潛藏在更深層的潛意識裡，這就是潛意識的保護機制。

潛意識的保護機制就是潛意識長久以來所建立的信念模式。潛意識與分辨是非並無關連，它只是在發布一些出自於「保護當事人」的指令，即使這樣的指令對我們未必是有幫助的。

例如，小朋友可能喜歡玩火，父母勸阻也不聽，直到被火燙到才知道危險，而這個被燙傷的記憶會形成潛意識的保護機制，讓人下次看到火就知道不要靠近。所以，潛意識的決定是出自於一種愛，但如果矯枉過正，也許當事人會怕火怕到家裡不敢設廚房。

這時候就必須要使用高階潛意識反轉技巧，這技巧能夠幫助你突破潛意識的保護機制，如此才有將它反轉的機會。

5-2 放下對立的「正負對衝法」

在一切有困難的交涉中，不可希冀一邊耕種一邊收割。

——英國哲學家 法蘭西斯・培根

再次回到我之前所說的：真正的放下，是內外合一的。當我們不斷地放下之後，你會發現，其實所有的問題都是一種衝突，一種源自於內在的矛盾。一個事件本身不會有矛盾，之所以會出現矛盾，都是我們透過小我對萬事萬物主觀的評斷——它是「好」抑或「壞」？它是「問題」抑或「不是問題」？

前一章提到，心智機器（大腦）為了方便理解與處理事情，往往依循經驗及習慣，將所知、所見一切簡化為二元對立的世界。這樣簡化的過程，讓我們對事物產生了分別心、產生了矛盾，所以我們始終被困在這個二元對立、充滿矛盾的世界。

這個「正負對衝法」正是藉由內心二元對立、矛盾兩方的對衝，使兩邊整合，讓你開創出嶄新可能性的放下技巧。這個技巧基本上是容許「正面」跟「負面」兩種感受交替出現，先是容許自己歡迎、接納各種負面的感覺，然後再歡迎與接納正面的感覺。請最少重複三次以上的過程。

金錢在這個世界上扮演著很重要的角色，一般人對於金錢最大的一個感受，莫過於「錢不夠」的匱乏感；相對於這個匱乏感的相反，就是「我擁有很多錢」。那麼，我們就用金錢這個例子來練習一下「正負對衝法」吧！

放下的力量 練習07

金錢的「正負對衝法」

以金錢的練習為例，先是容許自己歡迎、接納各種匱乏的感覺，然後，再歡迎豐盛與富足的感覺（當然，如果想先歡迎富足再匱乏也是可以的），這可能會難一點，但是盡其所能嘗試就好。

步驟❶：首先試著讓所有關於「我擁有很少（錢不夠用）」的感覺出現，不論蹦出來的是什麼樣的想法或感覺，都請輕鬆接納它。

步驟❷：接著，試著歡迎所有關於「我擁有很多」的感覺，不論出現在你腦中的是什麼樣的想法或感覺，都請試著接受；就算你覺得可笑也無所謂，接受它就好。

步驟❸：讓我們回到匱乏，試著讓所有關於「我感到很匱乏」的感覺盡情展現；不論你因為這個句子而產生了什麼樣的想法、感覺，甚至出現了複雜的情緒，都請試著坦然接納它。

步驟❹：把思緒轉換到「我感到很富足」；不論你因為這個句子而產生了什麼樣的想法、感覺，甚至出現了複雜的情緒，都請試著坦然接納它。

步驟❺：強化匱乏的句型「我覺得自己困苦窮乏到極點」；不論你因為這個描述產生了什麼樣的想法、感覺、情緒，乃至於各式各樣讓你感到不快的情境，都請試著投入其中，用全副心神去感受、接納、擁抱這一切。

步驟❻：然後，試著讓所有關於「我覺得自己豐盛、富足、不可限量」的感覺出現；不論你因為這種描述而產生了什麼樣的想法、情緒，乃至於各式各樣讓你感到快樂的情境，都請試著投入其中，盡情感受、接納、擁抱這一切。

持續了上述的步驟，你應該會發覺，內心匱乏的感受會相對地減少許多，而富足的感覺應該會比較明顯。如果還有餘力，就可以進入最後的步驟。

步驟❼與步驟❽：完全地、盡情地、全心投入的感受「我擁有很少」、

「我感到很匱乏」、「我覺得自己困苦窮乏到極點」等諸如此類描述，以及「我擁有很多」、「我感到很富足」、「我覺得自己豐盛、富足、不可限量」這兩種句型帶給你的感受，並且享受著它們帶給你的一切感受，全心全意投入，用全身心靈去感受、接納、擁抱這一切。

你可以按照自己的狀態與感受，重複數次最後這個步驟，通常只要用心做兩、三次就已經很足夠了。

Dr. Wang
悄悄話

「正負對衝法」可以改變你生活中的一切不滿

以上是與金錢有關的一組矛盾。同一件事物會存在的矛盾，不會只有一種。除了「匱乏與富足」的組合之外，還有「施與受」的矛盾及其他組合。

曾有學員在課堂上做了對大樂透彩券的「正負對衝法」，當期馬上中了一千元！後來，他雖然沒有很努力做彩券有關的放下技巧，但是之後每一期還是會中個兩百元、四百元呢！

另一位學員，他原本右手食指曾因受傷導致僵硬，我在課堂上引導他做了關於健康的「正負對衝法」後，原本不太能動的右手食指居然能動了，當場讓其他學員咋舌不已。所以，你可以自我檢視，看看自己還有哪方面的矛盾，然後使用「正負對衝法」試試看。

當然，我在放下技巧的課堂上，也會分享我自己研究發現到的矛盾組合，包括金錢、情感關係及健康方面的組合，並且當場示範、引導大家練習放下技巧。你將會發現到，不同的正負對衝組合，可以產生許多驚人的效果！

除了財務金錢上的煩惱，現代人最常陷入的，莫過於人際與情感關係的問題。關係裡最有趣的矛盾就是：往往我們最愛的人，也是我們最恨的人。因為，他們會做一些事情讓我們無法愛他們；一旦無法忍受，便會出現矛盾。

接下來，再做一組「情感關係」的練習。情感關係不盡然局限在男女，親子之愛與家人關係也可以算在這個範圍裡，甚至有些交情、有情緒產生的同事與朋友，也可以是一種情感，不妨嘗試看看。

開始之前，順便提醒大家，在這個練習的過程，使用「愛」與「恨」的強烈字眼，是為了能夠更有效把情緒帶出來。不過，如果你是個害羞的人，無法使用強烈直接的字眼來表達，那麼用「喜歡」或「討厭」也是可以的。

放下的力量
練習08

關係的「正負對衝法」

步驟❶：請找出一個你很在意的人，作為練習標的。

你可能很愛這個人，也可能很恨這個人，不論你對他是懷抱著什麼樣的感覺，只要這個人是會引發出你強烈的情緒反應就可以。

步驟❷：首先，你可以盡你所能，讓自己去討厭這個人嗎？讓心中關於對此人的厭惡與反感自然湧現在你心中，接納這些厭惡的想法、情緒、感覺，讓自己沉浸在其中。

步驟❸：你可以盡你所能，讓自己去喜歡這個人嗎？讓心中關於對此人的喜歡與欣賞自然地湧現在你心中，接納這些喜歡的想法、情緒、感覺，讓自己沉浸在其中。

請記得，「盡你所能」就是盡你所能，不用勉強；尤其是面對你不喜歡的人時，要說感到喜歡，還是會有點難度，所以盡你所能就好。

步驟❹：然後在這個當下，你可以盡你所能去恨這個人嗎？讓你的心中爆發出關於這個人的恨，將你心中所有的厭惡、反感，通通加諸在這個人身上，容許自己的心中出現這許許多多關於「恨」的想法、情緒、感覺，不要去管自己的恨是否合理，或者過於主觀、小心眼。

步驟❺：接著在這個當下，你可以盡你所能去愛這個人嗎？讓你的心中爆發出關於這個人的喜愛，將你心中所有的愛戴、關懷通通加諸在這個人身上，容許自己的心中出現這許許多多的關於「愛」的想法、情緒、感覺。

步驟❻：隨後在這個當下，你可以用盡你所有心力去恨這個人嗎？容許自己的心中出現許多不同的感受與情境，而你讓自己充分投入在這些想法、情緒、感覺中，甚至被這個討厭與恨所吞沒也無所謂。

步驟❼：回到愛的情感，你可以用盡你所有心力去愛這個人嗎？想像這個人是你的至親摯愛，你願意為他付出一切心力，讓自己的心中被愛所淹沒；心中出現許多不同的感受與情境，請讓自己充分投入在這些想法、情緒、感覺中。

同樣地，如果你可以反覆這些步驟，就做到你需要的抒解程度就可以了。你大概會知道什麼時候要結束，因為透過「正負對衝法」，因矛盾產生的對立感是會慢慢中和而消失的。

Case

使用放下技巧，成功釋放對安樂死的自責

學會王博士這一門情緒釋放的技巧後，心中只要一出現任何不舒服、不愉快，都能夠很有效的處理，而且效果非常持久。這個技術實在非常方便，於是想起在辦公室的一位同事。

八年前他父親生了重病，為了讓父親不要再忍受太多的痛苦煎熬，於是決定讓父親拔管（安樂死），但這個決定讓我的同事腦中出現了兩種聲音，一個是：「這樣的決定是為了父親好，一切都是出自於對父親的愛。」另一個聲音是：「父親的生命在我手中結束。」這兩種聲音在他的腦中長達八年，矛盾的情緒不斷衝擊，常常讓他情緒崩潰。

後來我透過網路視訊中一步一步使用放下技巧帶領這位同事，將兩種對立的「執著」放下之後，他立刻覺得情緒不再那麼強烈，一週以後竟然可以向朋友們分享自己的轉變！

以往只要任何提及拔管的話題，都會讓他情緒崩潰，現在已經能夠不影響他正常生活，甚至可以向別人分享自己的經驗了！整個操作流程我大約花二十分鐘，就解開了長達八年的煎熬，而且沒有太複雜費力的過程，效果卻如此驚人！

ch 6 放下「我」

6-1 「我」的形成

未曾生我誰是我？生我之時我是誰？
長大成人方是我，闔眼朦朧又是誰？

——大清帝國　順治皇帝

前幾個章節裡，我們已經一起做過一些放下技巧的練習。其實，放下技巧可以再細分為兩種：一種是快速的、外在的釋放，適用於快速解決當下情緒的問題；另一種則是更深層的釋放，可以從源頭釋放的技巧，而這深層放下技巧的效果，強大到可以改變你的命運！

印度靈性大師克里希納．穆提說過：「如果每一個欲望升起時，人們都能意識到它的本質，那就能夠消除幻覺。只要『我』還在盡力擺脫欲望，就只能加強另一個方向的欲望，以致於衝突無止無休。」這再次強調了當下覺察到情緒，並且立即放下它的重要性。

第三章我曾簡短提到，在第一階段「小我」是如何被限制出來的。如果想要意識到欲望的本質，並且更深層快速的釋放，我們就必須先了解塑造出「小我」的種種條件。我們先來看看以下這張圖。

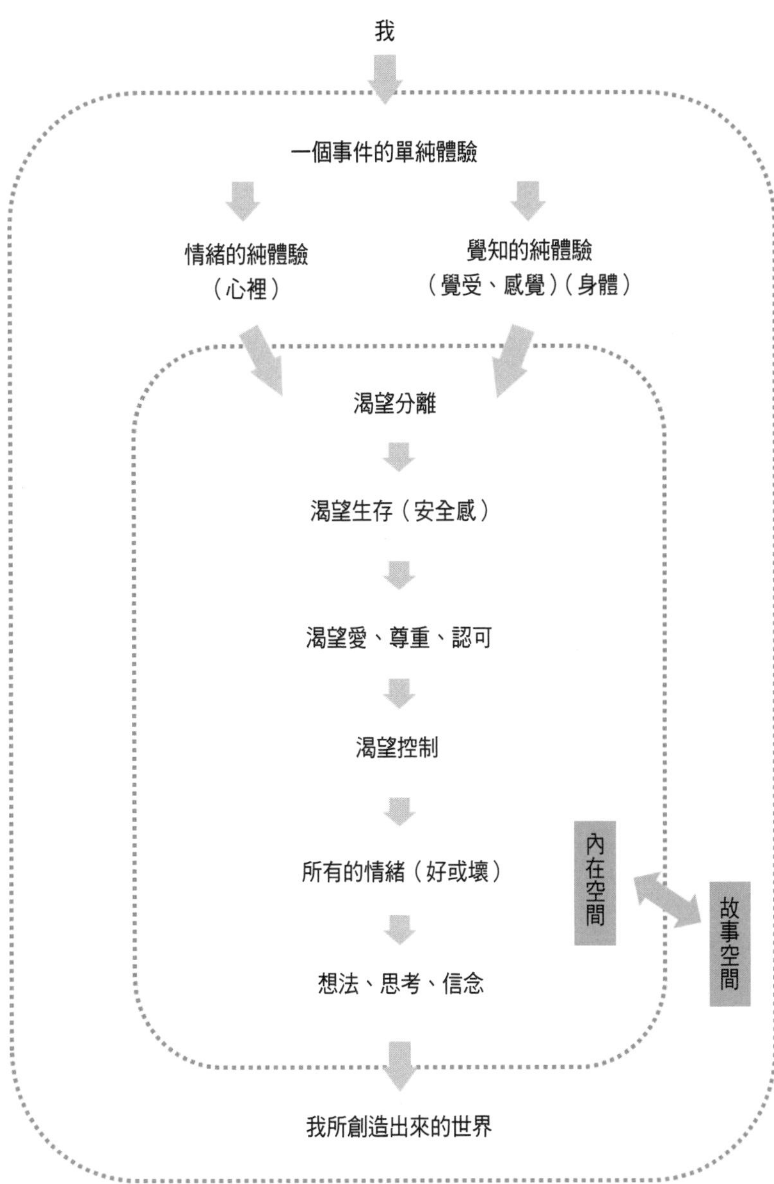
我
一個事件的單純體驗
情緒的純體驗
（心裡）
覺知的純體驗
（覺受、感覺）（身體）
渴望分離
渴望生存（安全感）
渴望愛、尊重、認可
渴望控制
所有的情緒（好或壞）
想法、思考、信念
內在空間
故事空間
我所創造出來的世界

看到這張「我／世界」的關係圖，你最先注意的是什麼呢？是「我」、「渴望尊重」、「渴望控制」？還是……

不論最吸引你目光的是哪組詞句，我猜你很有可能會錯過一個很明確存在的重點，即便它是顯而易見的。現在請再回去看看這張圖，當你看著它時，是不是很自然注意到圖中黑色字體？但有發現嗎，這一頁的絕大部分，都是空白的。

這些空白的部分，我們用另一個角度來看，代表這世界存在著擁有無限可能性的自己。大部分的「自己」並不被任何東西所妨礙，是發光且擁有無限可能性的。

在真實生活中也是如此，我們人生的無限可能性，其實遠比你所想像的更加普遍存在於你生活的任何一個角落。使用放下技巧是達成（展現）它的一個方法，就好比使用橡皮擦把殘留在頁面上的圖或文字（想法、感覺、欲望）慢慢擦掉，回歸到空白與無限的狀態，這就是「放下」。接下來，讓我逐一為你解說這張圖表。

●我

首先，請把焦點放到圖中最高的「我」字。這個字代表的是「被限制的自我」，也就是「小我」。

你可以試著在上圖的「我」字旁，寫上自己的名字。沉澱一下，想像著，如果它沒有連結到任何的情緒或問題，當我們使用放下技巧來「擦去」這個字時，它在這張圖片上會馬上消失，在圖中「我」以下的種種後續欲望也不會出現，整個瞬間回歸到空白。

不妨思考一下，在這時候，你是誰？什麼又是你？

當我們的心智機器（大腦）有任何被程式化的想法、感覺、欲望時，就算你試著放下自我，也會因為這些程式化的想法、感覺、欲望，而讓「小我」不斷重複出現。

●渴望分離

當任何事情發生時，它只是一個單純的體驗，如此而已。我們會因為這個事件，而體驗到單純、沒被心智機器貼上任何標籤的情緒與身體上的覺受。

假如我們把自我剝除，接下來產生的欲望意圖就是「分離」。打從我們從娘胎出生，就從「合一」的狀態進到「分離」、從「混沌」進到「清晰」、從「無」進到「有」的狀態。分離有時是出自一種自我防衛，來自於想在無限可能性當中保有自我。但是，別忘了自我會帶來阻礙，請記得，你隨時可以選擇放下對「分離」的欲望。

其他三個欲望，都是在分離之下，它們分別是想要「渴望生存（安全感）」、「渴望認同」，以及「渴望控制」。

●渴望生存

渴望安全感的根源，是依循身體（肉體）保護機制而來的生存本能。由於思想指揮肢體的速度太快，一念一動都在轉瞬之間，因此有時我們會忽略這個「身體」本身，然而這一副身軀會為我們帶來動物性的本能：生存。

生存，是所有的生命最基本也最常見的欲求。然而，這種動物的本能會讓我們以為，我們只是「困」在這個身體的有限獨立個體。但人的生命並不僅僅被局限於肉體的存在，我們還是具有意識、思考等這些不具象的能力。

要知道，身體屬於我們，但是並不代表全部的我們。當你放下時，你或許會發現——身體不是你的全部，你不僅僅是你的身體而已，而且當你放下「渴望安全感」的念頭與感覺時，你會發現你反而開始感到更安全。

● 渴望愛、尊重、認同

在關於生存的欲望之後，接下來則是尊重，我們也可稱之為「認同」。這一點與生存有相當的連結，因為我們相信，如果每一個人都愛我們、喜歡我們、在乎我們，也就沒有任何人會對我們進行傷害和威脅，也就能更加確認我們的存在是安全無虞的。

這反映了一件事：我們一直深信自己是需要被尊重的，也就是對於來自外在的愛與認同有強烈的渴望。或許，你早已發現這並不是真實的。同樣地，當你放下對於被尊重、被愛與認同的渴望時，往往你會感覺到更多愛、尊重與認同，而且是當下就會有所轉變。

●渴望控制

最後的一層，是對於「控制」的欲望。有時候，他人不一定會給予我們所期望的認同與尊重。這有點類似：你想要一份禮物，比如是腳踏車，但你卻收到籃球。沒有收到想要的禮物、沒有得到想要的讚美，或是他們對你的好不是你所要的。這時，你會渴望控制他們、逆轉這一切，希望對方用你想要的方式來認同與對待你。

有時候，我們會妥協於某些人或某些事，我們會強迫自己放棄得到他們的認同，又或者有時會認為我們受到某種表象（這件事情跟別人無關，跟愛或認可也無關）的威脅。當這些情況發生時，我們會直接並且立即地想掌控現況，而不僅僅得到認同而已。這份控制欲，也是來自我們對安全感或自體生存的追求本能。

舉一個簡單的例子，當你到一家餐廳用餐，卻覺得服務不好、菜色不優時，你會不滿；這份不滿就是一種「不被認同與尊重」，因為你是花錢來消費的，你所得到的（無論是服務或食物）怎麼可以只是如此呢？太不把你當一回事了。這些念頭一旦產生，接下來你會做的，可能是叫經理來，或是撥打客服電話投訴等等。這看似抱怨、發洩的客訴，其實就是一種對「控制」的欲望。

●所有的情緒

這四種欲望會衍生出所有的情緒，包含負面情緒，所以這些情緒出現在圖的最下端。這些就是當我們渴望被認同、控制、追求安全感和合一時，所會產生的情緒。

●想法、思考、信念

所有看似細微的情緒，不論強弱，都會驅使我們的想法，長期累積的結果，深深影響著我們創造出信念，擴及我們生活之中。這也就是為什麼「世界」是放在最下面。因為你的世界就是由你小我的主觀意識所架構出來的。所以說，沒有兩個人是真正活在同一個世界的。

然而在「放下」技巧裡，我們應該專注的是感受與情緒，而不是想法。為什麼是如此呢？誠如我之前所說，我們不可能用正面思考的方式來改變生活；如果你試過，就會知道這個難度有多高，畢竟我們要處理這麼多負面情緒及基本的四種欲望所衍生出來的種種其他想法。

還記得本書一開始的時候就提過，我們每個人每天有六萬至七萬多個想法嗎？想要一一釐清並且對抗它們是不可能的，而且這抗拒的過程，只會造成更多的壓抑。這就像李白所說的「抽刀斷水水更流，舉杯消愁愁更愁」。念頭就像流水一樣，無法被另一個念頭取代啊！

奧修在《名望，財富與野心：「成功」真正的意義是什麼？》裡面也提到：

正面思考並不是讓你轉化的技巧，它是一種選擇模式，對於覺知毫無助益。它反對覺知，因爲覺知永遠不會做選擇，它純粹只是壓抑你性格上負面的部分，把負面壓進無意識裡，把有意識的頭腦與正面思考掛鉤。但無意識比有意識的頭腦力量更大，是九倍的力量，它也許不會以舊的模樣出現，而是以全新面貌顯現。

練習到這裡，或許你已經發現，當你開始放下許多試圖改變一切的念頭、情緒、渴望時，你的想法自然就變成「正向」了。你不需要去勉強自己正向思考，它自然就會發生！

不要小看這個能真正促成正向思考的「放下」，因為你的主觀想法會影響你對於這個世界的看法，你的想法確確實實能夠影響生命中所有發生的人事物。

我們舉個例子吧！如果你是個懷抱正向態度的業務，你對於自己和你的產品都抱持很大的信心，也順利成交了許多案子。但如果有一天開始，你被很多客戶拒絕，或是很久都沒有漂亮的訂單，你會怎麼看待這些事的發生？覺得自己倒霉？開始有埋怨？或者開始挑剔你的客戶與公司？然而，往往越是如此，就越難突破。

這時候，你需要做的就不是「勉強」自己打起精神來，或是用正向思考激勵自己。這時不妨徹底釋放那份低潮的情緒，深刻且真切地允許自己「放下」。

不知你是否已經發現，這個放下技巧所強調的，跟其他的心靈成長或自我幫助課程有所不同的地方在於：在放下技巧裡，並不把焦點放在「改變你的外在行為」。大部分人在放下的過程中，內心自然就會變得正向；而持久的改變、正向的改變、真實的改變，是來自於內在，並非透過外在。

關於這一點，我們可以從自己過去的人生經驗找到相關的驗證。例如在使用「放下」技巧前，你可能短暫的戒菸，直到菸癮又犯為止；或許你會用暴飲暴食來取代吸菸，壓抑你的欲望，導致體重的增加。會這樣是因為你把所有的可能性，壓抑在同一個點上，而被壓抑的能量往往會從其他地方爆發出來。這也就是為什麼我們一旦想用壓抑來克服問題，總是會失敗。

這個道理，幾千年前的大禹就已經懂了。大禹的父親鯀用障水法，也就是在岸邊設置河堤，歷時九年卻導致水越淹越高，最後治水失敗。堯帝改派大禹繼任治水，大禹使用疏導河川的方式把平地的積水導入江河，最後引入大海，成功排除了水患。然而到了現代，不管是政府或是主流醫學，還是以圍堵壓抑的方式來解決壓力與欲望，真是可惜。

這就是為什麼，當大部分的人們或團體想要從外在來改變行為時，往往得到的不只是失敗，甚至是情況全面失控。

然而，當你把原本圍堵的欲望都釋放時，得到的結果將完全不同；當你從內在改變時，這個改變會是正向且持久的。你使用的放下技巧所得到的改變會讓你身心更自由，而且會更自在的展現那些被覆蓋已久且無限可能的自己。

請多了解這個「我」的圖，多多感受，你不需要相信它，相信自己的感受就好。

為了幫助讀者練習，底下把各個層次的渴望組合做一個深入的整理與舉例，希望有助於大家了解這些欲望的各種面貌。

6-2 四個層級①：合一與分離

讓光穿透黑暗，直到黑暗射出亮光，兩者不再有分別爲止。

——希伯來諺語

當我們出現想要合一（完整感）的渴望時，往往是來自於恐懼害怕被分離，尤其是當你獨自一個人的時候。

典型的感受是，想與人產生連結或想被融入一體，例如團結、接受、接納、等同於、連結、平凡、被認識、加入、被聯想到等等字眼。

與之相對的就是想要分離的渴望了。當你處在一個團體時，會不會有恐懼消失或被團體所吞噬的感覺呢？深怕自己的特色從此就不見的感覺，這就代表你渴望分離。想分離的感覺就像是被拉開或是被拒絕、想要獨自一個人、被拒絕、被看不起、突顯自我、要變特別、抽離、分開、無關聯等等。請記得，有些事情會同時有想要完整感以及分離感的狀態。誠實對自己回答這些問題就好。

放下的力量
練習09

合一的放下練習

問自己：

- 我想要有什麼樣的合一或完整感？
- 我可以歡迎接納任何想要合一或完整感的感覺、聲音、影像與想法嗎？
- 我可以放下想要合一或完整感的感覺嗎？
- 我什麼時候可以放下想要合一或完整感的感覺呢？

放下的力量
練習 10

分離的放下練習

問自己：

- 我想要怎麼樣被分離？
- 我可以歡迎接納任何想要被分離的感覺、聲音、影像、想法嗎？
- 我可以放下想要被分離的感覺嗎？
- 我什麼時候可以放下想要分離的感覺呢？

6-3 四個層級②：控制與不被控制

專注在負面的事物上，是無法幫助這個世界的，你只會增加它們的效應，也會把更多負面事物帶進自己的生命裡。

——《祕密》

莊子說：「至人用心若鏡，不將不迎，應而不藏，故能勝物而不傷。」通常關於渴望控制的典型反應，就是恐懼事情會失控，進而感受到壓力。類似的反應通常包括了：

- **過度的了解與分析**：持續的追根究柢，不斷的找尋原因與理由，拚命想搞懂問題。
- **執著於自己的主見**：堅持自己的觀點，拚命說服他人，拒絕他人的意見。
- **強調事物的進展**：期待事物不斷進步，對於效率有異常的要求，懷抱著熱切的願景。
- **渴望被控制**：任何渴望都是一體兩面的，而渴望控制的反面表現，就是被控制。這種渴望通常會像是：因為害怕要負責而拒絕主導權，或是展現出一副需要被照顧的樣子。其中的典型表現如下：

1. 被操控：無法做出決策，不斷請教或追隨他人的意見，將責任推給別人。
2. 妥協：難以拒絕別人的要求，無法直接表達反對，容易因他人而模糊焦點。

- **成為受害者**：習慣性犧牲自己，抱怨付出太多，認為自己總是遭到其他人迫害。

放下的力量練習

控制的放下練習

請記得，有些事情會同時有想要控制及想要被控制的狀態。誠實對自己回答這些問題就好。

問自己：

- 我想要怎樣控制自身周遭的人、事、物？
- 我可以歡迎接納任何想要控制某件人事物的感覺、聲音、影像、想法嗎？
- 我可以放下想要控制的感覺嗎？
- 我什麼時候要放下想要控制的感覺呢？

同樣地，我們也可以透過類似的問題來放下被控制的感覺。

放下的力量
練習12

被控制的放下練習

問自己：

- 我想要怎麼樣被自身周遭的人、事、物控制？
- 我可以歡迎接納任何想要被控制的感覺、聲音、影像、想法嗎？
- 我可以放下想要被控制的感覺嗎？
- 我什麼時候要放下想要被控制的感覺呢？

6-4 四個層級③：認同與不被認同

「你」無法從他人那裡尋求愛、認同或欣賞，能那樣做的只是你的面具。

——拜倫・凱蒂

關於認同的渴望，典型的表現方式是害怕失去關係，或是希望不斷得到愛與關注。這包含以下幾種類型：

- **持續性的關注**：做任何事都希望有人陪伴，希望身旁的人隨時留心自己的變化。
- **被了解**：希望他人接納自己的情緒，包容自己的任何行為。
- **受歡迎**：希望他人永遠熱切回應自己，受到眾人的信賴與愛戴。
- **渴望不被認同**：同樣地，人也會有不想被認同的時候。用成語來說，就是「愛適之足以害之」。得到太多的愛與關注，有時候會讓人感到很不舒服。這類欲望的典型反應，就是叛逆，有時還會對關心的人帶有恨意，拒絕承擔他人的愛及隨之而來的責任。典型的感受包含：

1. 躲藏起來：不喜歡與人接觸，討厭交際應酬，無法在群體中感到自在。
2. 不願意受重視：不願意承擔責任，討厭迎合他人的期望，常常覺得自己被迫滿足他人。
3. 不想受歡迎：在群體中特立獨行，按照自己的想法任意妄為，不願意配合他人。

放下的力量
練習13

渴望認同的放下練習

請務必記得，有些事情會同時有想要認同及想不被認同的狀態。誠實對自己回答這些問題就好。

問自己：

- 我想要什麼樣的認同？
- 我可以歡迎接納任何想要被認同的感覺、聲音、影像與想法嗎？
- 我可以放下想要被認同的感覺嗎？
- 我什麼時候要放下被認同的感覺呢？

或是可以用下一個練習來放下不想被認同的感覺。

放下的力量
練習14

不想被認同的放下練習

問自己：

- 我想要怎樣不被認同？
- 我可以歡迎接納任何不想要被認可的感覺、聲音、影像與想法嗎？
- 我可以放下不想被認同的感覺嗎？
- 我什麼時候要放下不想被認同的感覺呢？

6-5 四個層級④：安全感／生存與死亡

只有你才能剝奪你自己的任何東西，上帝不具備那樣的力量。
——拜倫・凱蒂

渴望安全感（生存），可以說是人人都具備的欲望與渴求。從遠古以前的蠻荒時代開始，人類就面對充滿變動且危險的自然環境。在當時，如何得到安全、確保生存是一大課題。有趣的是，隨著時代轉變與科技進步，對於生存的確保已經不再是問題。但我們對於安全感的渴望反而有增無減，而且轉移到生命多種不同層級。

想要有安全感／生存

當你追求安全感（生存）時，相對地就會出現對於死亡感到擔心、恐懼與害怕的感覺。典型的感受會是：感覺被威脅、不安全，保守一點的會有想保護自己與他人的防禦心態，激進一點的會出現攻擊、報仇、殺害等等。

與以上相反的就是渴望死亡。或許大家會有點納悶：人為何會想要死亡，這難道不是違背了求生意志？其實你若仔細回想自己的生命中，是否曾經出現恐懼活著，覺得上天不仁、世界不公平、活著很辛苦、想要抗拒生命並且放棄一切呢？這樣的想法就是「想要死亡」的典型感受。同樣地，這還會衍生出其他的感受，像是：想要結束一切、把自己和別人暴露在危險下、被攻擊、無力守護防禦、被殺害、被消滅、被殲滅、被威脅、世界末日等等。

放下的力量
練習15

渴望安全感／生存與死亡的放下練習

請記得，有些事情會同時有想要安全感／生存及想要死亡的狀態。誠實對自己回答這些問題就好。

問自己：

- 我想要有什麼樣的安全感／生存？
- 我可以歡迎接納任何想要安全感／生存的感覺、聲音、影像與想法嗎？
- 我可以放下想要安全感／生存的感覺嗎？
- 我什麼時候要放下想要安全感／生存的感覺呢？

或是可以用下列的問句來放下想要死亡的感覺。

放下的力量
練習 16

放下想要死亡的練習

問自己：

- 我想要什麼樣的死亡？
- 我可以歡迎接納任何想要死亡的感覺、聲音、影像與想法嗎？
- 我可以放下想要死亡的感覺嗎？
- 我什麼時候要放下想要死亡的感覺呢？

6-6 快速放下的大絕招

生命不過只是一個行走的影子。

——英國文豪 莎士比亞

熟悉了四個層級，我們就可以進一步學習更加快速的放下技巧了。我認為這是大絕招！

在很多不同派別所教導的情緒釋放技巧中，必經的過程是：找出你想要釋放的或被放下的特定情緒。然而，並不是每一個人都能夠精準辨識出自己的情緒，而且很多事件會產生的情緒不只一個。

有些人會利用書寫來發洩，每天很努力寫出長長的情緒清單；也有很多人完完全全陷入自己毫無頭緒的情緒裡，反而在找出情緒的這個過程中製造出更多的負面情緒。最糟糕的是完全不知道自己正處於被情緒所影響的人。

我曾經問一個個案：當你腰痠背痛的時候，你有什麼情緒呢？

那個個案看了我一眼說：「我活這麼大歲數了，什麼大風大浪沒見過！腰痠背痛不過是小事，哪有什麼情緒？」這代表很多人根本不在乎情緒，或者本能地去壓抑，忽視情緒，距離自己內心越來越遠。這就是最深層的抗拒與逃避了。

值得慶幸的是，你的身體、你的周遭，還有身邊的人們，都是幫助你覺察內心深處問題最好的鏡子。

在第六章所介紹的四種欲望的組合，目的就是在於簡化並且尋找情緒，加速放下的過程。

請再次複習一下6-1的圖。

再次強調，我們要放下的不是想法，而是情緒與感覺。這四種渴望會衍生出所有的情緒，包含了負面情緒，這些情緒出現在圖的最下端。這些就是當我們渴望被認同、控制、追求安全感和合一時，所會產生的情緒。

所有細微的情緒，都是在這四個渴望的組合中所產生出來的，所以只要能夠把你的情緒歸類到四個渴望的組合裡，就可以跳過具體找出特定情緒的過程，加速放下的速度。這就像拿起一整串葡萄一樣，一連串的相關情緒都會在這樣的步驟一起被提起，然後放下。

舉例來說明：一個癌症患者的所有負面情緒（悲傷、無力、恐懼、擔心、害怕、無力、無助等等），可能都因為是透過渴望生存和渴望控制病情的兩大組合而來，那麼他就可以直接做渴望生存的放下，再做渴望控制的放下。如此一來，就可以省去一個個單一情緒處理的放下時間了。

當放下到最後，有一天你發現，心智機器（大腦）已經不再介入你的生活的那個當下，可能在你還沒察覺的那一刻，可能當你某天早上起床時，你就發現喜悅無處不在了。

放下的力量
練習 17

放下大絕招的練習

想一個在你生命中想要改變或變更好的狀況。

問自己：

- 你可以歡迎接納在這當下，這個狀況所帶來的感覺、聲音、圖像嗎？
- 這些感覺，它像是想要被認同、控制、安全感，或是合一呢？
- 你可以歡迎接納這些想要被認同、控制、安全感，或是合一的感覺嗎？
- 你可以放下這些想要被認同、控制、安全感，或是合一的感覺嗎？
- 你什麼時候要放下這些想要被認同、控制、安全感，或是合一的感覺呢？

6-7 沒有你的故事，你是誰？

事物沒有好壞之分，是思想使其有好壞之別。

——莎士比亞

你所困擾的問題與事件之所以會存在，是因為有「我」的存在。這個「我」指的是「小我」，也就是你的心智機器。

想像一下，同樣的事情如果是發生在別人身上，你的感覺還會一樣強烈嗎？說不定你會覺得：「這與我有何關係？」如果這些令人厭煩的困擾（肥胖、貧窮）只是發生在你親友身上的事，基於同理心，你一定會有些不開心，但是情緒的波動絕對比不上在自己身上來得大，不是嗎？由此可知，沒有了「你」的故事裡，你又是誰？

除了認知這一點，也不妨好好接納問題引起的相關情緒，就如同在你的心裡打開一扇窗，幫助你內在開啟，開始轉化、放下。

很多人無法放下，也不想放下，因為他們認為，唯有抓住過去的傷痛，自己才是自己。他們會害怕，如果這些傷痛不見了，自己是不是就會忘形，會不會再次重蹈覆轍？又或是，如果我把對於某些過世親人的悲傷放掉，是不是就會遺忘他們？

其實，放下傷痛後，你只會變得更開心。真正愛你的人，也不會想要你用悲傷的方式來緬懷他們，那只不過是自私的愛罷了。

所以，請記得，你唯一能夠放下的，只有你不想要的東西。而在這放下的過程中，你唯一會失去的，只有那些早就該遠離你生命的痛苦和折磨。

Dr. Wang 悄悄話

加強「接納」

在了解小我是如何形成與架構出來之後，我們來複習第二章第一個練習：接納。現在試著讓自己去想像：假如這件困擾我的事情，不是發生在我身上，我還會這麼困擾嗎？沒有了我，這事情還會成立嗎？這會是加強接納另一個很有力的額外步驟。

ch 7 關於「放下」技巧的迷思與疑問

唯有當你透視內心時，你的視覺才會變得清澈無礙。

——卡爾・榮格

帶領讀者經歷了各種階段的放下技巧與學習，但相信或多或少仍有些人會對技巧本身的練習，懷抱著一些疑問與迷思。因此，我在此特別整理出，在課堂教學與臨床操作上常被詢問的問題，並且逐一說明，希望能幫助讀者更加掌握「放下」技巧的本質，讓自己接下來的人生更加順遂、喜樂。

Q：接觸「放下」技巧，我需要改變我過去所抱持的信念，或是相信任何新的東西嗎？

A：完全不用！就算你完全不改變你所相信的任何事情，你依舊會從這個技巧中得到難以想像的益處。我甚至會建議，你不需要「相信」本書所提到的案例與成效！重點是，你只要願意並容許自己保持開放的心來嘗試這個技巧，體會一下這個技巧對你有沒有用，這才是最重要的。

Q：學會「放下」技巧要多久時間？

A：這完全是按照你的意願來決定的。所謂的「意願」，是指當你閱讀完本書之後，能否立即在每天的生活中，實際使用放下的技巧。

正所謂「熟能生巧」，你越是練習放下，放下就變得越容易。當然，你不一定會馬上感受到使用後的差異，因為這關乎你在身心靈成長途中所經歷的一切，包括你所學習到的、你所釋放掉的，以及你所療癒的。所以每個人所需要的時間不同。

有的人一開始效果不明顯，但也有很多個案是立刻就能感受到生命驚人地轉了個彎。但是，請注意「放下」並不應該是以「為了得到某個結果與成就」，或想要「順著我的意來改變任何事情」為出發點，因為這樣就不是真的放下了。記得，「小我」和「放下」兩者是互相矛盾的。

Q：「放下」是一種怎樣的感覺？

A：除了在4-6所提到的覺受以外，每一個人對於「放下」的感覺都不一樣；隨著你放下越來越多，改變也會越來越明顯。多數人會在使用放下的技巧後，馬上感覺到身體放鬆或是舒適；也有人感覺到能量回到自己身上，自身的生命力與靈性更加提升；也有些人會突然覺得，要放下的人事物像是一個笑話，嘴角開始微微上揚。這代表他已經能夠以輕鬆的態度去看待這一切了。

你也可能發現，你的內心整個平靜下來了，思考變得更清明。你變得很容易知道該怎麼處理與解決問題，而不僅僅是看到問題本身，繼而被情緒糾纏。隨著你不斷使用放下技巧，你甚至會經常處於無窮盡的喜悅裡。

Q：放下會讓我感到痛苦嗎？

A：不會，「放下」只是一個讓你從過去傷痛中釋放的技巧。它會使你覺得很好、充滿自信及懷抱平靜。英文有一句俗話：「**no pain no gain**」，中文意思就是「無勞則無獲」，這樣中西共通的觀念會讓大家覺得，怎麼可能不需要重新經歷一遍傷痛就能夠真正放下呢？

我們會這樣想，是因為心智機器讓我們認為，「心」是由過去的記憶與經驗累積而成的。而事實上，在我們的內心最深處，有一個真正的核心（這核心，我們通稱為：道、真如、神性、佛性、空性等等，當然它並不在內也不在外，用內在核心一詞只是為了說明上的方便）。這個核心是一個讓我們能不被任何事物影響、能單純觀照一切的寧靜所在。當我們進到這個核心之中，過去的痛苦與傷害，只會在你意識到它們的同時，更容易、更快速地溶解與消散。

放下技巧並不單只是帶領你進入內在核心，並與之合一；它會讓你清楚明白，哪些事你必須要放下，然後它會讓你知道如何放下。只要你不斷了解並且體悟到放下的真髓，放下對你來說，就如同呼吸般容易、簡單。

Q：我怎樣才知道我做對了？

A：如果你感受到任何正向的感覺、態度或行為，那你就是做對了。不過面對每一個你想要釋放的人事物，你可能都會需要使用放下技巧到相當程度才行，這可能會花上些許時間。如果一開始沒有發現到任何改變，那就持續放下吧，直到你得到正向的回饋為止。整個過程並沒有一定的對與錯，只要你感受到任何好的感覺，就表示你在正確的軌道上前進。

Q：我怎麼知道它對我有效？

A：除非你嘗試和體驗，否則你怎麼知道它對你無效呢？這方法對於很多跟你一樣的人有效。當然，你必須要真心想改變才行。所謂的「真心想改變」，是指你會採取行動來改變自己的生活，比如說把這本書好好看完，實踐裡面的放下技巧，或是來上我的課程，更加深入地學習其中的心法與奧妙。

無論如何，嘗試這個方法對你來說並沒有任何損失。為了能夠讓你知道這個方法究竟對你有沒有效，我會建議你，在練習的過程中，時時刻刻記錄自己的變化。心智機器的運作是很詭異的，很多時候，它會在你有所改善後，讓你全然忘了之前的狀況有多麼糟糕。仔細記錄變化，過一段時間之後，當你重新翻閱自己的紀錄，就會發覺這個技巧所帶來的效果。

Q：這個技巧和其他的療癒法、打坐冥想或激勵課程有什麼不同？

A：事實上，很多療癒法的目的是要放下不需要的情緒和感覺。但本書所介紹的放下技巧，最大的特色在於：你不需要年復一年日復一日的依賴這個方法，你也不需要不斷跟別人討論或是藉由別人幫忙才能得到效果。

打坐冥想的時候，你需要找個安靜的地方並且閉上眼睛，創造一個與世隔離的情境，這可能需要花上經年累月的練習才能得到明顯的效果；放下技巧可以幫助你達到同樣的效果，但是時間相對地更短。從「表面」上來說，如果靜心是抽離世界的話，那麼放下技巧則是讓你與世界更融合。

放下，就是觸碰到每個人內心最深處的靜心與冥想，這個技巧不需要閉上眼睛，所以任何時候都能夠實行。當事件發生的當下，或是當某件事情就快要對你產生重大負面影響時，你都可以透過放下技巧來幫助自己。最後，你不需要遵守任何師父、大師或團體所設下的任何規則和戒律，你只需要專注於自己的內在，並且把心力用在「放下」上。

有些激勵課程，當你在上課或聽 CD 時效果都很好，但是無法持久，那是因為你的動力必須依賴一個來自外在的來源。需要動力其實就是抗拒。放下技巧會讓你被生命「活出來」，而不是你想要讓你生命活出什麼來；它隨時隨地都可以使用，而且你不需要去聽任何人，只要聽你自己內心的聲音就好。你就你自己最好的老師。

Q：這是一個宗教、信念、靈性成長，或是洗腦嗎？

A：都不是。放下技巧只是一個技巧，幫助你把不想要的感覺、情緒以及任何阻止你前進的事物放下而已。它不需要任何的信念、信仰、思想體系，而且可以吻合所有宗教、信仰、靈性成長的真義。它完全是洗腦的相反，你只需要忠於自己內心的聲音就好。

Q：我覺得我不知道怎麼放下？

A：放下是我們的本能與天性。放下並不是你有意識去做才能達到的事情，你只是忘了怎麼放下而已。如果你能把手打開，讓在手上的東西掉落，那麼你就知道怎麼放下。

放下並不需要任何的思考或了解，因為這是本能，就像你不需要思考怎麼呼吸，自己就會呼吸的道理是一樣的，甚至你會發現到，其實你根本就是「被呼吸」的。

另一個看待這個問題的方式是電燈開關的比喻。當你第一次打開電燈開關時，你知道它是怎麼運作的嗎？除了讀過電機系或水電工人，應該都不知道吧！但是無論如何，即使過了這麼久，你從來不會去管它是怎麼運作的，你只要知道你一打開開關，燈就會亮，而且你感受到燈亮所帶來的所有好處，不管你懂不懂它是怎麼運作的。

只要你能越放心順從你的內心、內在的神性，而不是讓大腦去引導你，就會越容易做到放下。如果發現你卡在「想要把事情搞懂」，那就直接把想搞懂的這件事給放下吧，看看會發生什麼事。

Q：如果我不確定我懂這一切呢？

A：給自己一點時間吧！我們的人生都是不斷壓抑或發洩情緒，但是卻鮮少放下它們。你可能需要花點時間來體會，「放下」是可以非常輕鬆辦到的。

一開始效果可能不會很明顯，但即使是些微的差異，都代表著，不管你想放下的是什麼，一旦放下，它就離你而去了，即便這個問題存在著很多層的情緒，並且需要花時間去釋放。但是，往往在你察覺自己的改變之前，周遭人們可能已經發現了。自己通常是很難發現到自身的細微變化，因此不妨請身邊的人幫助你，確認你所變化的狀況。

Q：我應該多久做一次放下技巧？多久會看到效果？

A：這是你人生中唯一不會做過頭的事情。你越在生活中使用放下技巧，你的生命就會越美好。無論你在任何時間、地點使用放下技巧，都能讓你感覺到更好、更清明、更有自信、更有活力。在生命中的任何時刻，每當你陷入不好的情緒中，都是你放下、然後得到心靈自由的好時機。這些使你生命陷落的任何時刻，都是幫助你成長的好朋友，而不是敵人。最後記得不要給自己壓力，不要把放下這件事變成是你「應該」做的事。

如果你有依循引言所說的三個問句的步驟來做，你會發現在那一瞬間，你已經感受到些微的變化了，而效果會隨著你使用放下技巧的頻率增多而大幅增加。到最後你會記起放下是你原有的本能，你將在接下來的人生都享受到放下的力量與好處。

Q：為什麼這麼簡單的東西會這麼有效？

A：生命中越有力量且越有用的東西，通常都是最簡單的。當事情可以被容許簡單，它們就可以很容易被記得並且被複製。

你不需要別人提醒你呼吸有多重要，但是如果要我給你一個呼吸的步驟流程，那應該只會是：吸氣、吐氣、吸氣、吐氣，然後視你的「需求」重複以上的步驟。還有比這更簡單的嗎？但是這對我們生命的維持是何等重要啊！當你多次使用放下技巧，你會發現它就會變成你的本能，只需要極少的思考與念頭，就像你現在呼吸一樣。

Q：為什麼正面思考會無效？

A：放下的目的是釋放掉遮蓋真正自我的所有東西。正向思考或正向肯定則是嘗試著去操控你的信念，用另一個信念來取代你原本的信念，來達成一個結果的做法。這麼做不會有效，即使有，也只是那個信念相關的特定結果，而不是帶給你屬於原本自我的平靜和喜悅，這當中是沒有心靈成長的。

而正向思考為什麼會沒有效？因為正向思考與正向肯定的方法沒有考量到與內在連結著的欲望、反彈與感覺，這就只是強硬地在你的傷心、恐懼、害怕上面戴上一個笑臉的面具。

真正的正向思考，是內在很清楚明白所發出的念頭，到了那個階段，不能再用「正向思考」四個字來稱呼這樣的念頭，而是稱之為「愛」（但並不是小我的愛）。一般坊間或書上所提倡的正面思考，只不過是教導人去「模仿」大愛時會出現的一些想法與念頭，然而這些畢竟不是你真正內心所嚮往，矛盾與衝突依舊存在。因此我認為，正向思考其實無法幫助你得到你所需要的正向結果。

放下，是輕鬆把你內在限制性的情緒和信念釋放的方法，它可以移除阻礙你達成願望的內在障礙，同時讓你察覺到你那沒有任何欲望的自然、原本自由的本我、真我狀態。

一開始很多人會被放下技巧所吸引來，因為他們想要從生命中的痛苦與不如意中解脫，或是想要更有錢、更健康、有更好的人際關係。但是不久之後，自由、喜悅、輕鬆會比原本他們想要的更具有吸引力。諷刺的是，他們想要的目標會變得更容易達成，有時候甚至什麼都不用做。心想事成是心靈自由的副產品，那是一個完全放鬆的狀態。到那時候，不用心想，一樣可以事成。

Q：如果我發現自己依舊在過去的重複模式中，又或是我在這個過程中忘了去放下，怎麼辦？

A：要知道，這是一開始會發生的常見狀況，所以沒有關係。你放下的功力會隨著時間而不斷增強。當你察覺到任何一個問題，隨時可以進行放下技巧。

在放下的過程，你可能會發現，你又重複做了某件事情，而且事後才想到要放下。當你察覺到問題的時候，在那個當下做放下即可。慢慢地，你會在經歷重複模式的同時，就察覺到並且執行放下。你會開始發現，你有能力可以改變自己的重複模式。接著，你會在還沒重蹈覆轍時就察覺到那個念頭，然後放下，避免犯了同樣的錯誤。直到最後，你會什麼都不需要做，因為你已經完全放下了。

在這個過程，請給自己和放下技巧一點耐心，同時敞開自己，接受事情都有無限可能，而快速進展是機率很高的可能性之一。每一次，當你對某件事物使用放下技巧時，都有可能是最後一次。

甚至你會發現，命運的改變是在你決定改變的當下。未來一切的美好，都是由你現在的決定所形成的。所以，當你決定進行情緒釋放時，就已經讓自己踏上了改變命運的旅程。

如果你容許自己堅持，放下的效果自然就會變得更好，即使是存在已久或是非常深層的問題。有時候可以一天固定的規畫幾次時間來做放下技巧，也是非常有幫助的。

Q：如果放下這麼簡單，那為什麼不是每個人都在做？

A：其實每個人都在做。誠如我所說的，放下是一種天生的本能。透過放下技巧，可以幫助你把這個本能帶回到意識的層面，把放下的體驗重新喚醒。你可以時時刻刻都放下，而不是偶一為之。

Q：我會變得依賴放下技巧嗎？

A：完全不會。放下技巧就是讓你放下你所依賴的事物。實踐放下後，你會得到解脫與自由。這個放下技巧，只是用來幫助我們重新喚起放下的本能。當你可以自然而然地透過本能來放下的時候，當然也不需要使用任何技巧了。

《金剛經》裡有提到：「汝等比丘，知我說法，如筏喻者，法尚應捨，何況非法？」釋迦牟尼佛把佛法比喻成過河的船，我們只有在過河的時候才需要船隻，當過了河，連船隻都可以捨棄了，更何況不是船隻的東西？

Q：我需要準備什麼才能開始嗎？我可以期待會發生什麼事呢？

A：只要你自己和一顆開放的心，就足夠了。噢，對了！還有把這本書帶回家，好好地閱讀與練習。

Q：如果我已經做過，或正在進行某種其他療癒法及自我成長課程，這放下技巧仍然對我有幫助嗎？

A：正如我在引言所說的，參與過心靈成長課程的大多數人，很多時候都會認為，了解孩提時的創傷或是前世因果是一件重要的事情，不過這種方法，只能幫助他們到某種程度，甚至可能創造出更多需要被放下的新事物（這是第一階段的本質）。

放下技巧可以幫助我們了解，什麼是真正需要的：一個平靜、真實感受的自我，並且隨時隨地都能夠輕易做到。不管有沒有接受過其他療癒法，只要好好做放下的技巧，每一個人都能夠在生命中得到寶貴與真實的轉化。

你可以期待你的身心都會感覺到更好、你可以做更好的選擇、對人生更有掌控感、有更好的人際關係，基本上，人生會大幅進步。每一個人都會有不同的希望和想達成的目標，所以每個人得到的都不一樣。當你發現到如何放下，讓你內在的真正自我展露出來，就會在人生的各個方面開始開花結果。

Q：如果我一直沒辦法感受到你所說、所承諾的轉化或改變呢？

A：歡迎到我的臉書社群留言，或是來上我的課程，我可以在你學習放下的過程中，提供有效的支援並且幫助你。

Q：我會學習到什麼？

A：你會學習到：當你得到放下的力量時，你可以比自己想像中還要厲害、強大很多！

Q：誰應該學習放下技巧？

A：任何真心想要讓他們生命變得更好、想要從所有身心的限制中解脫的人，都應該來學習。每一個人都能從中獲益。

Q：為什麼我之前都沒聽過這個技巧？

A：放下技巧只是一個名稱而已。放下是一個本能。每個人都懂怎麼放下，只是忘記了而已。很多宗教及心靈成長課程的最終核心都是在教導「放下」這件事，只是透過人為的包裝後，往往會把人引導到「放下」以外的其他方向去。而凡是心向外求的，都無法真正讓你得到自由！那麼，現在應該是你放下的時候到了，手上才會拿著本書。

Q：放下技巧會讓我從絕症中康復嗎？

A：放下技巧本身無法診斷或治療任何疾病。如果你需要任何醫療的協助，請找專業的醫療人員。從我本身自然醫學的專業背景來看，身心靈是一體的。身體上的健康可以透過飲食、醫療、運動去改善，但是心靈上的健康也同等重要，甚至更重要，因為負面的情緒與壓力是身體不適的根源。當然，當負面情緒都能夠得到完整的釋放時，這對身心的狀況絕對是有幫助的。心靈上負面壓力與情緒的釋放，會在疾病能否變好或變壞扮演極大關鍵的角色。

對於身體的每一個器官，我認為我們都必須從有形（生理）和無形（心靈）的角度來思考。比如說肝臟，生理上它有排毒的功能，而心靈上就有處理憤怒情緒的功能。當身體毒素過多時，它本身排毒功能就會變弱，同時也會影響到排解憤怒情緒的能力。反之亦然。

所以今天當你全然面對、接受，並且放下種種對你有影響的負面情緒時，這會大幅減輕器官生理上的負擔，康復的速度自然會更快。

Q：使用放下技巧會讓我情緒上精疲力盡嗎？

A：情緒會被釋放，不該是精疲力盡的，因為放下是一種修復而不是損耗。當你面對你要放下的人事物時，是需要很大的勇氣，因此在還沒全然放下之前，可能還是會感受到身心的煎熬與痛苦。但是一旦你放下，過去使你情緒痛苦的事件及持續帶給你痛苦的感覺，就會被釋放了；放下之後，剩下的就只有平靜和喜悅的感覺。其實這是一個使人非常平靜而放鬆的技巧。

Q：除了放下之外，我認為寬恕也很重要，書上都沒討論到？

A：當你在放下的同時，你已經在寬恕了。不管是寬恕別人，或是寬恕自己。奇蹟課程裡指出，真正的寬恕是：「寧靜的，默默地一無所做。……它只是觀看、等待、不評判。」當你慢慢練習，到真正放下的時候，你就會自然達到寬恕的境界與心態。

再複習一下第三章的圖，我們知道：臣服與不評判都是屬於第三階段的狀態。放下，是通往寬恕的基石。

Q：那感恩呢？

A：同樣的，進行「放下」到一個點，內外沒有矛盾與衝突時，感恩也會發自內心的產生。你不可能假裝感恩，唯有真正發自內心產生的感恩，才會有魔法的力量。

ch 8 不用心想，一樣事成

未來有好幾種名字：對軟弱的人而言，未來叫做不可能；對猶豫不決的人而言，未來叫做未知；對於深思熟慮又有勇氣的人而言，未來叫做理想。

——雨果

或許你以為本書到第七章就可以完結了。放下技巧，不過就是處理負面情緒而已嗎？我們可以說，處理負面情緒只是放下技巧顯著的影響。你所不知道的是，放下技巧是可以創造出「你想要的實相」之心靈工具。

近年來，關於心想事成的書籍如雨後春筍般出現。然而，大部分的著作只是提到公眾的與學術的研究，提供了「理論」與「成功個案」；乍看之下似乎很鼓舞人心，但是卻缺少了從A到B之間的實質聯繫與實務技巧，因而產生「我成功了！但並不知道我如何做到的」，也無法精準重現成功的過程。

老實說，市面上許多相關著作與指導單位的層次參差不齊，進而導致絕大多數人對於「心想事成」所得到的認知並不正確，也不能有效運作（詳細請看第三章）。

要知道，使用錯誤的方法試圖心想事成，極可能會造成生命中更大的傷害。

我本身也是相關研究的愛好者，面對世間諸多心想事成的技巧及工具，經過多年研究與實踐之後，我認定放下技巧效果最卓越，它是可以橫跨身心靈成長的三個階段。

為什麼放下技巧如此強大呢？因為它可以用來處理你內在的負面或是限制性信念，像是「你不能有」、「不應該有」、「不值得有」……諸如此類造成心想事成阻礙的負面自我對話、態度和感覺。當你把內在這些扯後腿的矛盾小惡魔都清除後，內外能夠合一，自然可以完成自己的心願，擁有想要的一切。

放下技巧除了可以幫助你從任何不想要的行為、模式、想法和感覺中釋放出來，也能讓你擁有更清楚的思路（雖然這不是一種思考的過程），同時也會讓你更有創意。誠如我們前面所說的，你該做的，是容許自己透過聽覺、視覺去感受這一切，而不是用心智機器（大腦）思考；請不要試著去「搞懂」這個技巧的原理，更不要試著去思考為什麼要這樣做。

試著讓你內在的心去引導你，而不是你的大腦。如果你發現你正陷入想要把事情搞懂的泥淖中，那就直接把「想要搞懂」所產生的意圖與情緒給放下。我保證，你越是經常施行放下技巧，就會越習慣於體驗與感受，就會越了解當中的精髓與好處。

我通常會告訴我的學生，不管你學了什麼方法或技巧，請專注練習一種方法，使用一種技巧，直到你看到效果為止。更重要的是，你能否承諾自己，好好學一個方法，而不是焦慮地換來換去，從一個技巧換到另一個技巧，從這一本書換到另一本書，跟隨一個老師又換到另外一個老師。

放下技巧確實是提供給渴望單純化、用一個技巧就能解決所有問題的人，不管你所追求的是心想事成，或是到達開悟解脫的永恆喜悅。

8-1 你真正認識「心想事成」了嗎？

世界上所有美好的事物，都是創造力的果實。

——法國哲學家　米歇爾·傅柯

「吸引力法則」、「祕密」等創造「心想事成」狀態的思維與技術，在二十一世紀很巧妙地成為一個主流話題。你會發現，現在走到哪、遇見誰，似乎都能聊上幾句，講出一點聽起來似乎有那麼一回事的道理；在國外的說法，也稱之為「同步（synchronicity）」或「念力（power of thought）」法則。

不管它的名稱叫做什麼，本質上所指的，都是「心力在現實生活中創造改變」。我相信，每個人都能從生命中找出至少幾則相呼應的巧合或實現經驗，而且，改變、產生影響的範疇，不脫離感情、人際關係、財富與事業、個人自信與積極性、體重、身材及健康改善等等。

只是，當我們在控制性的條件與環境下進行實驗時（例如規定期限、指定範圍、限制行動等等），它很可能是無效的；另外，這份由心念創造出來的改變，並不能產生物理性的即刻轉變。例如，如果你的窗戶已經破了，它不會自動被修

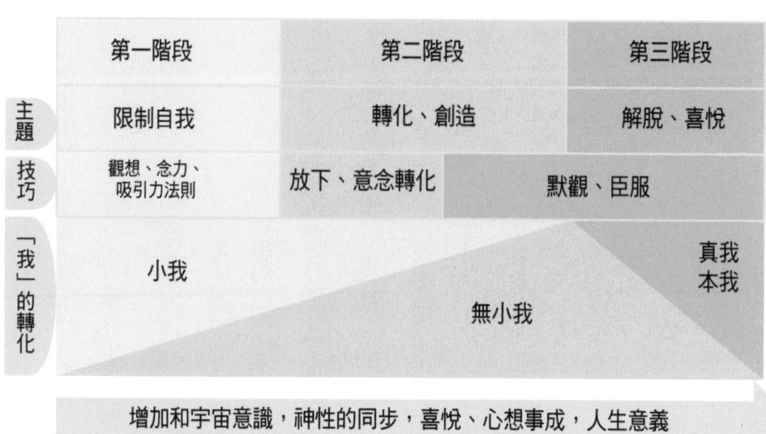

好。但是，這改變可能會牽動與生命相關的變革：使人變得更幸運，在家庭或生命中突破瓶頸或改變了態度、發生一些意料之外的好事，小至輕鬆找到一個停車位，大至突然繼承了遠親的一筆財產等等。

總之，構成心想事成的條件或許可以事後諸葛，找到一些共通性，卻不能找到固定適合於每一個人的公式。因為，吸引力法則只適用於第一階段。

我們來複習一下第三章的圖（如上）。

初步的心想事成，是藉由「情緒」與「觀想」這兩個要素所構成。在這個階段，是「小我」的展現，並且想要達成渴望、展現企圖心的時刻，卻也是心想事成效果最不明顯的時刻。但是，對於許多人來說，第一階段已能創造出一定的成效，並且讓人感覺很神奇了，因此多數人（以及著作）是停留在這個基本階層，卻往往不小心掉入第一階段本質的陷阱。

第二階段心想事成的關鍵，在於「放下」。你越是放下小我以及會觸發情緒的一切，你心想事成的達標速度，就會越快、越明顯。

第三個階段是「臣服、默觀」。在這裡，你的小我可以說是幾乎完全消失了。隨著小我的消失，人和宇宙的同步性和協調性會增加，會變得越來越快樂、喜悅、感恩，進而找到生命的意義。第三階段的最後，則是所謂的覺醒、開悟、自在以及合一的境界。人從此不再迷惑、不再批判，並常保喜悅、感恩。這時你的願望就是宇宙的願望，不用心想也會事成。

我在本書所教導的放下技巧，看似在第一階段，但如果知道怎麼使用，它便是橫跨第一、第二與第三階段的指引與方法；若使用得當，也有可能在放下的極致，進到覺醒的境界。

Dr. Wang
悄悄話

透過放下來創造，才是真正的心想事成

為什麼我一直強調應該遵循真正的方法，這是因為，你的祈願如果沒有按照正確的方法來進行，是會產生矛盾的。

你的「心想事成」會受到其他人意志的影響。如果你曾經留意，或許會發現，「心想事成」的期許在比較沒有競爭力的時候效果比較好。例如對金錢產生的吸引意圖，往往是：把注意力擺在如何使用「已擁有金錢」的感受，會比你滿腦子想著「我要加薪、要拓展業績」更有效，因為後者存在著競爭性。

其次，是「內在的渴望」。千萬別忘了，你與世界的互動和世界與你的互動，都被你的欲望與意圖深深影響著。從第六章我們知道，這些欲望，全都來自於「小我」的分離、生存、安全感、被認同、控制等等渴望，或者一些物質性的匱乏。但是，這些都會製造出衝突與矛盾，使你心想而事不成。

因此，只有在放下一切有意識的渴望與想法，內外合一，你才可能真正的進入深層的平靜和喜悅，並且重新認知情緒疼痛與創傷所帶給你的訊息，進而進入你所期許的美好世界。

8-2 心想事成的放下技巧

在信的人，凡事都能。

——耶穌基督

讓我們回到運用「放下技巧」來達成心想事成的境界吧！基本上，這個方法非常簡單，只有兩個步驟。

放下的力量 練習 18

心想事成的放下技巧

步驟❶：陳述，說出你的目標、願望或意圖。

步驟❷：釋放，放下與之衝突的目標或意圖。

兩個步驟交替使用，直到內心沒有衝突的意圖為止，這表示你想要創造的東西已經完成了，只有這樣而已。但是，我相信許多讀者或許還是無法辨別或判斷，何謂「衝突與意圖」，因此接下來為大家做一番解釋。

陳述，說出你的意圖

基本上，大概百分之九十九的人，不會相信這麼簡單的方法；所以，容我再次為各位解釋——意圖，即「你想得到的」，也就是願望。在這裡「願望」和「意圖」是同義詞，但為了避免大家潛意識認為「願望」只能發生在遙遠的未來，在本章會以「意圖」這個詞彙為主。

很多人的意圖會像是：

- 我享受人生中最好的假期！
- 我容許我自己在一個月內，輕而易舉的賺到五十萬台幣。
- 我有健美的體魄。
- 我是個成功的商人！
- 我找到適合我的工作。
- 我容許我自己，在這週末找到適合我的伴侶。

注意到了嗎？以上「說出你的意圖」的陳述句，都是肯定的，並沒有出現許多人習慣且口語化的「我想要」、「我希望」；因為這兩者代表未完成式，是匱乏的象徵，不適合使用。「我將會」也不行，因為這會把力量推到未來，就好像「明天、明天又明天」一樣，這同時也認定了時間是流動的幻覺，所以也不會實現。

關於時間，愛因斯坦曾說：「我們物理學界的人都知道，過去、現在和未來的分界，不過是一種頑固、持續的錯覺。」

雖然可能不太習慣，但我強烈建議你改掉說話習慣，多運用以下詞彙：

- 「我有」、「我是」，都是好的，因為它代表「已完成」的狀態。
- 「我決定」強而有力地抓到了意圖創造法的精隨，所以也是非常建議使用的句型，一說出口就很熱血、很有行動力的感覺。
- 「我容許」也是非常受歡迎的句型，因為創造的本質就是容許而非強迫；對於個性比較溫和、不習於強硬表態的人來說，是很好的選擇。

你不需要給自己壓力，這些句型沒有所謂的「有效指數」差異，只要選擇你覺得喜歡的開頭，用來表達你渴望的目標就可以了。這就是「陳述意圖」。

一個意圖，會帶出與之衝突的意圖

建議你，一開始選擇的意圖，應該要接近你的現實；當你實現了你的意圖後，就可以再往上加碼與進階。但是，如果你不想要生命中產生問題，那麼當然就可以不要有任何的目標或意圖。因為每當你有一個意圖時，它會自動帶出所有阻礙它的東西；而當你人生什麼都不想要的時候，你自然什麼困難與問題都不會有。

然而，擁有能夠達成目標的人生，畢竟是比較有趣的，而且能夠讓你體驗到別人所無法體會到的快樂與成就感。所以請記得，當你的目標越崇高（困難），或是你的目標越明確時，它往往會帶出更多的阻礙、問題、反對、抗拒、懷疑等等。

有些人或許不能理解，甚至反問：「我既然都渴望達成目標了，又怎麼會產生反對與抗拒呢？」我們在書的一開始已經討論過抗拒的問題了。老實說，這不是理性邏輯的問題，那不過是個心智機器的詭計罷了。

金錢是一般人最容易遇到的問題，所以我拿它來做個例子：

「我容許我自己輕鬆擁有一千元！」這句話聽起來如何？不困難吧？當它成為一個意圖，可能不會帶出任何抗拒，因為幾乎任何人都能夠輕鬆想像擁有一千元；而且我們也沒有明確設定一千元什麼時候會出現，沒有任何阻礙與限制條件，當然不會引來衝突的意圖。

這樣太簡單了，我們來試試下一個吧！

「我容許我自己，在這星期內輕鬆擁有一千元！」這裡出現了期限，指意圖更明確了，就可能會帶出更多的懷疑與抗拒；不過，這也不是什麼太了不起的目標，很多人仍然能做得到。

如果「我容許我自己，在這星期內輕鬆擁有一萬元」對你來說已經太困難，那麼試試「我容許我自己，在這個月內輕鬆擁有一萬元」，你可以感受，到說出這句話時，內心浮動的不安與疑問嗎？

接下來，更大的衝擊——「我容許我自己在五分鐘後擁有一萬元」如何？是不是在唸出這句話的下一秒，你的腦海已經冒出了「這怎麼可能？」來反駁你的抗拒意圖？沒辦法，這個意圖太明確了，每個人不一定都適用，除非你是哈利波特。

當意圖太明確時，往往也會是一個突顯「小我自傲」的意圖，而不是允許「宇宙意識」（生命、能量、神、上帝等等）來實現。通常一個人只有在想要證明自己有多了不起的時候，才會出現這樣的意圖；而同時，這也讓你掉到了「時間是真實存在」的幻覺裡。

對宇宙意識來說，時間是疾然不動的，那只不過是小我所創造出來的一個概念而已。想透過這樣的方法讓別人覺得你很神，這其實一點都不適合。最好是把創造法則留給自己享受，不需要太明確的想要製造出魔術般的神通效果，這樣也不容易掉到衝突的陷阱裡面。

誠如第三章我提過的，從圖中可以看到，當你處於充滿限制性的小我狀態時，你所使用的技巧或方法（觀想、念力、吸引力法則），就不可能達到本我所具有的無限存有狀態，因為兩者是矛盾且無法並存的。

記得一開始就把你的意圖設定正確，技巧在意圖發動後就盡量不要任意更改，因為想要更改初始意圖，則代表著更多的抗拒、懷疑以及矛盾。

不只是欲望，更是決定

如前文所述，我為什麼說「我決定」這個用語是有力量的？因為這確實代表了你對所渴求的一切懷抱強烈企圖心。當你確定你的意圖後，就說出口吧！說出口代表就是一個決定。

「決定」和「欲望」、「希望」或「夢想目標」的感覺，是很不同的。決定是「這件事就是這樣了」，那麼，這件事就是會這樣。

決定，代表著你百分百選擇了A的實相而非B，也永不回頭看B。

決定，代表了這裡沒有如果、但是。（不過，即使有，還是可以透過放下來處理。）

通常，決定的意願（而不是「想要」，當你「想要」就代表了匱乏）就已足夠讓你創造出你要的實相，或是讓你在創造正確道路。

如果你覺得創造的實相還不明顯，那麼請接著看下一個章節吧！

8-3 心想事不成？你放下衝突意圖了嗎？

問題不在於你到底要不要堅持下去，而是你打算如何享受它。

——美國佛教作家與學者　羅伯特・瑟曼

在說出你的意圖後的下一步，就是放下你的「衝突意圖」；你也可以說它是「矛盾」，總之，是和你所渴望的目標相互抵觸的一切。

「衝突意圖」代表了反對、懷疑、疑問、抗拒、阻礙，其他想法、信念、情緒、感覺，以及任何現實中出現與你的意圖相反的所有現象。

有些創造技巧或吸引力技巧，會要求你別去理會意圖之外的其他問題。但是，你必須認知一件事：每一個問題的背後都有一個意圖，因此，我們不能把這兩者分開來看待。例如，如果「沒有錢」是個問題，你為它感到煩惱，那麼就代表了你有「想要變有錢」的意圖出現；除非，沒有錢對你來說不是個問題，那當然不可能造成你的困擾。

意圖和問題（衝突意圖）是表裡一體的，就像是一個硬幣的兩面一樣。想要達到目標，就必須要能處理在達標以前會出現的種種問題。這就是這個物理世界的本質，只要你活在這個地球上，就必須面對它，遵守它的種種遊戲規則。

也許有人會問：「為什麼是『衝突意圖』，而不是『反對』？」因為不管是反對或是問題，也都是意圖。或許你並沒有去意識到，是你的意圖導致你沒錢，但是只要你保持一半的意識或是潛意識專注到你沒錢，這就是個意圖，就會導致你沒錢。

因此，當我們稱呼你的懷疑為「衝突意圖」時，我們承認並且對這些懷疑負責；畢竟它們並不是不知從哪個鬼地方冒出來騷擾你，而必然是在某一個環節裡不小心被帶進到我們的生命，例如家庭灌輸的價值觀，或是職場文化的影響等等（請參考6-1）。或許傳達這些訊息與認知給你的人並不是為了反對你，也沒有惡意，只是剛好造成了你對欲望目標認知不同的影響，所以我們把此通稱為「衝突意圖」。

以下，我再列舉一些對於「我容許我自己，在這月內輕鬆的擁有十萬元」所會產生的衝突意圖：

- 人不能「輕鬆」的擁有，要努力才行！
- 錢不可能無中生有啊！
- 我不值得擁有那麼多錢。

- 我要怎樣才能做到？
- 錢要從哪裡變出來？
- 我希望這是真的！
- 哼，不要騙我啦，最好是這樣就會有錢。
- 總有那麼一天的……
- 我這輩子怎麼可能一個月賺到那麼多錢？
- 我不知道怎麼做……
- 我重新投胎會不會比較快？

除了以上的想法（衝突意圖），這中間也會出現比較低階的衝突意圖，尤其是當你身心狀態不佳時：

- 屁啦！這不可能！
- 突然拿到這筆錢，我會害怕之後什麼都沒有了。
- 我有試過類似的技巧，但是從來沒用。
- 我頭好痛（含生理上的頭痛）。
- 我好累（含生理上的疲勞與無力感）。

- 不玩了……什麼十萬塊，我放棄！

當然，依個人狀況不同，也會產生高階的衝突意圖；當你身心狀態不錯，這讓你「誤以為」你快要成功了：

- 很好啊！那樣很不錯。
- 沒有十萬，有三萬也很好啊！
- 我已經開始覺得有希望了，就像真的一樣！
- 哇，有十萬會很爽耶！

上述的句型與想法，雖然表現出了好心情，也代表著你已經越來越接近所創造的實相了。但是，在創造法則裡，我們還是把它們判定為衝突意圖，因為它們與原始的意圖不符。畢竟，如果原本是要有十萬的意圖，那麼即使創造出了三萬，也沒有達成，因此「有三萬也能滿足」的想法，其實是衝突意圖。

簡單地說，任何在現實生活中與你原始的意圖所不符合的結果，都是衝突意圖。

「那如果都不能創造出來呢？」這無疑也是個衝突意圖。或者，「處理好一個衝突意圖後，它仍然無法實現呢？」這仍然是個衝突意圖。

這能否有效，能否創造，永遠都不是問題所在。重點是：你是否願意專注在消除內在衝突，直到你所欲的意圖實現為止；又或是，把所有的欲望轉變成「渴望自由」的欲望，這就是「創造法則」最強大、最有力的哲思了。

Dr. Wang 悄悄話

處理你的衝突意圖

在你將你的意圖說出口之後，不妨留意一下會發生什麼事情。

在「創造法則」裡面，我們只需要處理當下內心發生的想法與覺受；因為，這就是你的「衝突意圖」。

為什麼？如果不這樣，那麼「創造法則」就會變成一個「不斷的追逐、獵殺負面或隱藏程式或是潛意識的信念系統」的鬼打牆法則了。猜猜看，如果你不斷發掘衝突意圖，會發生什麼事？（提示，可以參考一下6-1的圖）你只會得到更多衝突意圖。衝突意圖的存在是無限的，就像宇宙可創造出無窮的意圖是一樣的。

你可以花上十年，從一個衝突意圖不斷重覆追逐下去，又或是馬不停蹄地處理每一個出現的衝突意圖，甚至追朔到前世去，或是前世的前世的前世等等，永遠沒完沒了。

因此，「創造法則」並不是用來處理所有的難題或是消除所有疑問的技巧，而這正是造成很多使用類似方法的人感到迷失之處。基本上，我們只需要對自己的專注力保有足夠的控制就好：大約百分之五十一就可以了。

只要百分之五十一的專注力，就足夠創造出你要的實相。這代表著：即使你有懷疑、問題、挑戰、阻礙，你還是可以創造出你想要的實相。有些心想事成的課程會告訴你，除非你把所有的負面問題都消除掉，否則你不可能夢想成真；但是，如此嚴苛僵硬的思維只會讓創造停止。因為要把所有的負面情緒都消除掉是不可能的，那只會讓你更加無力、更加疲於奔命罷了。

你的意圖，在衝突意圖沒有馬上出現的時候，就算是完成了。當它們沒有強迫自己進到你的覺知範圍內，或當你要努力找才找得出它們；當你的衝突意圖不再阻擋你，那麼你的意圖、願望就會被創造出來了。這時，願望的創造週期就完成了，你可以休息，享受你新的實相，然後前往下一個願望。

要處理衝突意圖有好幾百種方法，在研究許多種方法之後，我建議只使用本書所記載的放下技巧就好。放下，使用情緒釋放來達到心想事成，確實是最有力且有效的！

8-4 更有效地心想事成！

一個人能否幸運，主要在於它自己。

——英國哲學家 法蘭西斯．培根《論幸運》

前面提到了「衝突意圖」的例子，我們再進一步來探討。當進行個案諮詢時，我會注意要讓個案的意圖和衝突意圖平衡才行；如果我寫下一個意圖，但是卻出現了二、三十個衝突意圖，這就不平衡了。

基本上，每一個說出口的意圖，都必須只能搭配一個衝突意圖。下列是我個案的例子，以及意圖與衝突意圖表列練習：

意圖：「我容許我自己在這月內輕鬆的擁有十萬元。」

衝突意圖：我真的不知道，這是真的還是假的。

意圖：「我容許我自己在這月內輕鬆的擁有十萬元。」

衝突意圖：最好是啦，在做夢喔？

意圖：「我容許我自己在這月內輕鬆的擁有十萬元。」

衝突意圖：我可以接受十萬元的部分，但是不能接受「輕鬆達成」部分。

意圖：「我容許我自己在這月內輕鬆的擁有十萬元。」

衝突意圖：「輕鬆」是什麼意思？

意圖：「我容許我自己在這月內輕鬆的擁有十萬元。」

衝突意圖：我還是不知道這是不是真的。

意圖：「我容許我自己在這月內輕鬆的擁有十萬元。」

衝突意圖：一樣，我不知道這是不是真的。

意圖：「我容許我自己在這月內輕鬆的擁有十萬元。」

衝突意圖：絕對沒有辦法知道這是不是真的！

同樣的，你也可以試試看，寫下你的意圖與衝突意圖，然後使用放下技巧，再進行自我檢視：

意圖：「　　　　　　　　　　」

衝突意圖：＿＿＿＿＿＿＿＿＿＿＿＿

透過這個練習，來確認自己的衝突意圖是越來越少的，那麼方向就正確了。

以上是比較正確與方便的做法。在這個世界上，人們往往專注在他們不想要的，而不是他們想要的。基本上，使用放下技巧可以慢慢消除掉這樣的習性。

8-5 複習：搭配四個欲望組合的深層釋放

菩提本無樹，明鏡亦非台；本來無一物，何處惹塵埃。

——禪宗六祖　慧能

深層釋放是把衝突意圖從根本的來源中釋放掉的方法。搭配第六章「放下的力量練習17：放下大絕招的練習」的技巧來使用，不管是什麼情緒，心智會把它們自動分類，會讓釋放更快速輕鬆。這是我們反過來利用心智機器的本質，來幫助我們更快速的達到效果，也可以說是心智機器在放下技巧裡面最大的貢獻。

欲望讓我們從我們想要的現實中分離，因為它意味著匱乏。這也是大多數的心靈成長課程可能沒有注意到的地方。

欲望並不是創造。當然，要有意圖，可能一開始先要有個欲望才行；但是如果你執著在追求欲望上，你只會創造匱乏，然後是更多的匱乏。所以，在這裡使用放下技巧，實在是太恰如其分了。

你原本的狀態是無限存有，當你有任何的欲望出現，都是代表著你已經從這無限存有、無限富足的宇宙中分離了。當我們一開始就是匱乏，才會有欲望。我們可以說，這對立的兩者是表裡一體的。

其實透過放下技巧，你可以開始習慣從欲望變成富足，從想要變成擁有，從希望到決定；而「抗拒」這個念頭，反而會把我們不想要的東西變得離我們更近。

很多人總是感嘆：「人生啊！我們想要的都遠離我們，不想要的一直黏過來。」如果你不知道宇宙是如何運作的，那麼你的人生就會持續地處在這樣的惡夢裡面。

每一個你說「是」的，會開啟能量的運作。每一個你說「不」的，也同樣的開啟能量的運作。是與不是之間，沒有任何差別。因為宇宙是沒有對立的，是合一的。

表面上看起來，抗拒就是說不，欲望就是說是，但是其實同樣是在說「我沒有」。你的意圖與欲望會朝向你說「是」的實相邁進，這就要透過內外合一的放下。

在第六章我們提過，所有的問題、情緒、衝突意圖都可以被歸類到這幾個種類：渴望愛、渴望控制、渴望生存（安全感）、渴望分離。所有的問題都可以被歸類到這四種欲望。試問自己，你現在有什麼樣的問題？它們來自於這四種欲望的哪一個？每一個問題你一定都會找到它來自這四種之一，或是兩種或以上的組合。

不過，我想釐清並且強調的是，渴望愛、控制、安全／生存、合一並不是問題，問題是當你「想要」，就等於匱乏。

為了確保每一位學員能夠將放下技巧發揮到最大的效果，課程中我會非常嚴格的要求學員，把這四個種類了然於心，這樣當情緒的問提出現時，自己馬上就知道當下要把問題歸類到哪一組。我會建議你一星期至少做一次深層的釋放，也建議你對你的欲望與意圖做深層釋放，一星期一到兩次，這樣會看到比較顯著的效果。

其實成功就已經出現在你的眼前，而且只要再一個簡單的行動，就可以享受到「放下」的美妙體驗。

回到一開始金錢的例子，如果你的意圖是：「我容許我自己在這月內輕鬆的擁有十萬元。」那麼問自己，這是來自哪一個層級的欲望？是控制、被認可、安全感、還是合一？如果全部都有，那麼一次只挑一個就好。接納所有跟它有關的感覺，然後使用放下技巧的三個問句：

「我可以放下嗎？」

「我要放下嗎？」

「什麼時候放下？」

在本書，我不只一次說過，只有內外合一的放下，你才能整體往正面的方向前進。那麼，讀到這邊，我想你應該更清楚明白了：是的，只有內外合一的放下，才能開始創造！

8-6 總結

知世如夢無所求，無所求心普空寂，還似夢中隨夢境，成就河沙夢功德。

——北宋思想家 王安石

其實，當大部分人之所以會被吸引到任何心想事成、吸引力法則、創造法則等課程，都是源自於對現實或自我充滿著厭惡及不滿。他們都希冀有神奇的方法，快速幫助他們完成夢想，而不願真實面對種種可能阻撓目標及夢想的問題。這些人會因此而感覺到非常疲憊，但是也不願意承認，這是因為對現實行動的反感，也就是我們所謂的懶惰與抗拒。

行動或工作對他們來說是困難的。但是現實生活中的成功人士都知道，行動是有趣的；在這個地球上，有形的生活是有趣的。我們擁抱物質世界，擁抱行動，擁抱工作。既然來到這個物質世界，豈有不想參與其中的道理？不管你的宗教信仰是什麼，試著想想，無形的靈魂那麼企盼來到有形的世界，又是為了什麼呢？

我們是藉由有形的肉體到地球出差、旅遊、學習、考察兼玩耍的呀！我們在參與的，是個用有形肉身來進行的限制性遊戲。所以我會建議所有讀者，對於採取行動和工作，或是對這個物質世界和有形肉體的抗拒，可以再降低一點。（請使用4-3的放下技巧。）

其實，在物質世界中，不需要行動和工作也是可以創造實相的。當然這樣的概念對於唯物主義者或是科學來說，是天方夜譚，但是這屬於比較高階的話題，不在本書的討論範圍內，對這方面有興趣的話請參考我的著作《零通靈博士事件簿》。

如果你的目標是放下所有生命中的阻力（也應該如此，如果你已經了解創造實相這回事），那麼不管你有沒有行動都一樣，你會更加開心地去行動。有生產力和創造力就代表你在生命之流裡，而處在生命之流的時候，就代表著你和你的意圖是同一陣線的。

所以去做吧！放手去做！只要在你做之前，對你的意圖和生命感覺到放鬆，開心就好。不然你的行為充其量只會變成去修復負面創造的「補償行為」而已，而這種行為只是單純的浪費能量。

舉例來說，你可能每天健身兩小時，但你仍然覺得，與別人相比還不夠。其實兩個小時健身是很多的，你可以把時間省下來先做對於「不足」的放下，因為再多的健身都無法幫助你釋放這樣的感覺。

因此，請先使用放下技巧，讓自己先來到一個良好、沒有內心衝突的狀態，然後再開始行動；否則你所有的行動都會被負面情緒所污染，會因為匱乏而產生更多的匱乏。而當你的行動是來自於喜悅，它們會帶給你更多的喜悅。

心想事成是心靈自由的副產品，那是一個完全放鬆的狀態。當你到達內外合一都放下的那時候，不用心想，就可事成！

放下，是一個美妙的體驗。不論今天你是在本書中或是課程的內容中學習到關於放下的技巧，都是值得恭喜的！雖然在放下的過程中，有的人會馬上見效，也有的人在一天、一周或一個月才完全體驗到，但當你一旦見識到「放下」的驚人效果時，你就會發現，早在你下決定的這一刻，你就已經真正得到「放下的力量」了！

附錄一 情緒釋放技巧

釋放負面情緒的 EFT 技巧

「EFT」技巧源自美國心理學博士羅傑．卡拉漢（Roger J. Callahan）醫生，他在一個恐水症的患者瑪麗身上觀察到穴道與情緒的關聯。他著手研究、發展了數百種針對不同情緒治療所衍生出的穴位敲打組合，他稱為思維場療法（Thought Field Therapy，簡稱TFT）。

由於 TFT 的組合種類太複雜，一般人不易學習，於是卡拉漢博士與工程師出身的學生蓋瑞．克雷格（Gary Craig）又從三百多位個案中，研究出更簡單的通則，並將它稱為「情緒釋放技巧」（Emotional Freedom Technique，簡稱 EFT）。現今在歐洲、澳洲及北美洲，許多的心理學專家都已採用情緒釋放技巧，來處理求助者的負面情緒。

據許多心理專家的可信經驗案例，情緒釋放療法的確可以在三至五分鐘內抒解人們的負面情緒。目前 EFT 臨床上已有數以萬計的案例，顯示可信度極高的療效。接受過 EFT 的病人也證言，只要方法正確，他們曾經驗過創傷與虐待所造成的驚慌與恐懼、憂鬱、上癮的渴望等等難以計數的負面情緒，及伴隨產生的肉體症狀，包括頭痛、肢體疼痛、呼吸困難等，超過百分之八十都會因為 EFT 獲得改善，甚至完全解決，效果幾乎都是長期的。

快速的「敲」走負面情緒

當感到負面情緒出現時，請將注意力集中在情緒（如焦慮、恐懼、擔心害怕、無助、寂寞等等）；並為情緒強度評分（0～10分，最強為10分），然後以食指跟中指（也可加入無名指），按照下面的順序，輕輕敲五到六下（左右邊都可以）敲到句子講完為止。

預備：感覺一下，目前的負面情緒強度是幾分。

步驟①：輕敲眉心中間

步驟②：輕敲左或右眉頭

步驟③：輕敲左或右眼睛正下方

步驟④：輕敲人中

步驟⑤：輕敲唇下

步驟⑥：輕敲鎖骨下方

步驟⑦：輕敲腋下

步驟⑧：輕敲頭頂

敲完後，感覺看看，現在情緒強度為幾分？如果還很強，請再從步驟①開始做，直到你覺得負面情緒減輕到覺得舒服或消失為止。步驟①到⑧為簡易版本，可以一直重複。

EFT後來也有出現不同的派別，我個人偏好使用以及在課程教學的是效果較好的改良版本。

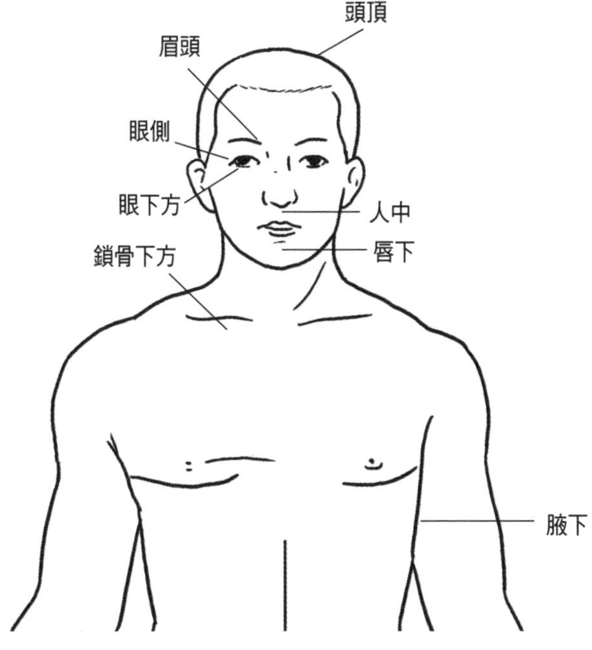
頭頂
眉頭
眼側
眼下方
人中
鎖骨下方
唇下
腋下

附錄二　王永憲博士的量子轉化系列課程簡介

【神祕課程】

來學習人人都能做到的時間魔法，讓自己安心之餘，也能用意識複寫現實，讓願望更快達成。

＊

【一階．放下】

最基礎的入門課程，透過 EFT 與聖多納技巧，學習到更多放下的心法，開始體驗心想事成的神奇之道。

【一階．生命重設技巧．LRT】

術法類的最基礎課程，加上無需通靈也可以掌握事物的狀態的「空間訊息讀取術」，更能針對現況做出調整。

【一階．魔法】

透過初步的 CRV 練習，再搭配奇妙的魔法元素，讓你達到真正零通靈的境界。

【一階．逆轉】

最簡單的課程，只需逆轉能量，卻能有著極大的威力與效果，請勿小看這堂課程。

【一階．調頻】

精準的調整外在世界能量的頻率到你所想要的狀態。

＊

【二階．轉化】

了解人類遊戲背後真正的目的，以及如何從遊戲中解脫。

【二階．進階】

更深入在人生各個層面探索二階轉化，有更進階的加速解脫技巧，還有分靈體的教授。

＊

【三階．覺醒】

最快速情緒釋放的方法，讓自己徹底從人類遊戲中覺醒，處於不敗之地。

【三階．進階】

綜合所有一二三階的課程，就是量子轉化！

*

【四階．超釋放】

最究竟的情緒釋放術，消除超越想像以上數量的分靈體於彈指之間。

【四階．幻魔咒心】

了解咒術的由來，並學習自我防護以及破解被咒術攻擊的技巧。

【四階．時空重整】

讓術法精準的在最有效力的時空中發揮，以及讓自己永遠處於對自己最有利的時空。

【四階・加分靈體】

消除分靈體以外，還可以加分靈體在人類遊戲中做出「系統生成」。

詳細的課程內容，請參考官網：http://quantumrichard.com/?page_id=14

Case 放下技巧，改善婆媳問題

我是一個家庭主婦，五年前結婚，育有一子。婚前我是從事廣告企畫的工作，婚後由於婆婆的觀念保守，認為女生不該在外工作拋頭露面，所以禁止我婚後繼續工作。

於是婚後我專心持家，現在小朋友已經上幼稚園了，我因此多了很多自由時間，也有了想回職場的打算。但只要跟婆婆提到這方面的事情，總是會鬧得很不愉快。看到先生因為我與婆婆之間的爭執而露出的為難表情，我只好一而再、再而三壓抑內心的感受！

有一次在電視節目中看到王博士的訪談，檢視了自己確實累積了很多負面情緒，也明顯感受到自己的身體與精神狀況都大不如前，於是決定參加王博士開辦的學習課程。

課程當中的實際操作，雖只是二十分鐘左右的時間，可是我很明顯感受到精神狀況好了許多。回家之後的發現更讓我驚訝——它解決了我長期的失眠問題！先生也覺得我的氣色好很多，整個人看起來神清氣爽！

原本以為這門課程只是單純的情緒管理，但是不知為何，婆婆似乎不再這麼反對我再度就業，先生也變得積極幫我講話。這真是一個令我覺得非常神奇的地方。

後來與王博士討論後得知，我們所處的生活環境其實與自身的情緒息息相關。事情會往好的方向去，確實是因為情緒釋放之後，周遭的生活也會隨著自身的改變而有所轉變！

現在，我已經是一個朝九晚五的上班族，晚上過著和睦且滿意的家庭生活，這都要感謝王博士，謝謝你讓我的生活更完美！

Case 最務實的課程

我認為市面上的課程可以分為兩類：第一類是著重感性面，第二類是著重技巧面！感性面的課程會不斷牽動你的情緒，能夠「暫時」提高你的信心，讓你更積極、正面去迎接未來挑戰！技巧面課程就比較不著重在於影響情緒，而且給你最實用的工具！工欲善其事，必先利其器。如果要具備良好的人際關係與溝通技巧，我相信光有信心與正面思考是不足夠的，你還必須要擁有最實用的工具來協助你達成目標！

情緒釋放的方法，在王博士的課程中學到的是「放下」。放下不是放棄，對我來說是一種深層的領悟！其中也包含 NLP 及潛意識溝通的技術，都在這一堂課中可以學習到。

場地與氣氛非常舒適，王博士也鉅細靡遺地回答所有的問題，不論是與課程相關的訊息，亦或是私人相關的問題，王博士都盡他所能給予我最佳的回應，甚至額外補充很多相關的資訊讓我參考。課程激發了我許多對於生活上的靈感，我只能說，這不單是一場課程，而是一個幫助你更向前邁進的一個永不止歇的無窮動力！

Case
體悟真正的喜悅

因緣際會之下，得知王博士有開課。因為工作上的關係，自己接觸過一些身心靈成長的課程，深知負面情緒排除的重要性，因此決心前往求取王博士的妙方。不料，出乎我意料之外，王博士的內涵非一般人所能洞見，在上課的過程中，除了課程的內容之外，更重要的是，接收了許多王博士對人生的歷練與修行體悟，令人有種豁然開朗的頓悟。這絕非一般坊間的課程所能給的，有些課程上完之後或許會悟三天，然後生活又一如往常。但王博士的深度絕對不只如此，他除了是一位好老師以外，更是一位好醫師、好朋友。這種「知」的喜悅，只有上過課程的人才能真正體悟。

Case
一個無所不能的技巧

在上課的時候，我正好有一點點感冒，當下利用王博士教授的清除技巧進行清除，症狀馬上停止惡化；隔天起床後，竟然發現症狀幾乎已經完全清除！這是在上課本身就體驗到的神奇效果！總共的過程不過才不到十分鐘的時間。

下課後，針對自己工作環境與住宅空間的能量進行檢測，原來當中藏有很多對我情緒與身心有干擾的能量！一樣透過簡單的清理，當下馬上感受到煥然一新的感覺，明顯感受到思緒變得更加清晰，精神狀況也非常好！就好像到野外接觸到大自然的那一瞬間，好像一切的干擾都離我遠去！

除了療癒自身，我還發現了一個很棒的應用方式！

在 facebook 上，常常會看到很多關於流浪動物或是相關的新聞！以前看到了這些訊息後，心裡難過，卻又是無能為力……抱著實驗的心情，我針對其中一則流浪動物的訊息進行處理，第二天就得知他們病情有轉機的訊息！實在是非常神奇！重點是，這些技巧操作都是非常簡單的，一學就會！就像王博士在課堂上所說，只要你能夠舉一反三，這將會是一個無所不能的技巧！

Case 生命中不可或缺的工具

生命重設技巧課程結束後，幾乎變成我生命中不可或缺的工具。

無論是結合EFT、Sedona、全面清除法，或是拿靈擺逐項測試，每天我想到就使用。上完課之後，因為準備要出國當朋友的伴娘，但身體一直有慢性發炎問題，無法負荷整天的勞碌。出國之前幾天就先用靈擺逐項測試，人在外頭時，不斷運用全面清除法與順神觸療法。就這樣，勞累時、疼痛時，就使用。

朋友婚禮當天，我很感謝自己狀態比預期中好很多。我無法想像，如果沒有用這些方法處理自己，會是怎樣的情形？平時走在路上，狀況一來，就開始使用全面清除法和順神觸療法，幾次下來，當下的不舒適就會明顯緩解。

有關寵物的部分：因為家中狗狗有躁鬱和焦慮的問題，出國前對牠做了生命重設療癒，回國後聽妹妹說，那幾天乖得跟貓一樣（是我發功有效？哈哈），我會持續試驗。

很感謝王博士不藏私，願意分享針對身心靈同步處理的最佳療法。也很感謝神性安排，讓我接觸到這個方法，而且願意學習運用它。期待可以見證到更多奇蹟。

Case 自己就是主人

話說上完第二階段，我跟我老爸吵了兩次架。平時是不會如此吵架，都是他發表意見，我俯首稱是，一直不斷壓抑自己。剛開始真得非常不舒服，但我盡量不帶情緒地發表意見，然後做王博士傳授第二階段的方法。今天我媽媽幫我說話，他態度大改，環境、世界都慢慢在變，越來越有造物主的感覺了。

Case 最純粹的魔法

這個課程的名稱乍聽之下，好像要教我們變什麼魔法，還是讓你有如羅琳所創造的「哈利波特」一般，拿著魔法棒隨心所欲轉化所有人事物，甚至是宇宙中的一切。

但其實不然，它很純粹，而且純粹到你無法想像；純粹到只是告訴你事實的真相，但就是這麼純粹，純粹到有個副作用。在兩天的課程當中，有如將你國小直到大學所研讀的所有書籍以及經歷過的所有經驗，用一種特別的形式（甚至可以說是程式），一次灌滿你的頭腦！然後轟爆，最後爆炸！很有趣，也很好玩。如果以一句話來形容這個課程，我會叫它「腦內轟炸革命之天啟密碼」！

這七年來，我不斷尋求改變自己的方法，一直希望自己變得更好。無論是身心靈成長課程、超強記憶訓練課程、全腦開發課程、催眠課程、潛意識課程、命理課程……任何有關哲學或所謂的神祕領域，我都有興趣；甚至各宗各派的宗教及其哲學思想，皆不斷深入與研究。無論是《易經》、《金剛經》、《六祖壇經》、《聖經》、《摩門經》、《與神對話》等等，不外乎就是在為人生找尋一個出路和一個活得更好的方法，趨利且避害，並尋得真理。但我的實際生活並沒有因此而改變，也沒有持續變得更好。

真理的祕密，其實就在自己身上，只是我們未曾遇到一個好的老師，幫我們開啟關鍵的一扇窗。王博士的課程就是這麼特別，不是要讓你「知道」，而是要讓你「悟」到。如果一個課程只是讓你知道，而無法讓你做到，這樣的課程也很純粹，但純粹到只是淪為賺錢的工具，或是一種假性麻痺。到最後你會發現，不是知道而做不到；再不然，就是過了一段時間，又回復了原本慣性的生活模式。但王博士很有耐心，教導我們實際的轉換技巧及方法，讓我們不僅知道，還都能做到。

王博士無私的傳授，真的很感恩。只能前進不能後退的旅程，真得很奇妙。因此奉勸各位，想清楚再來吧！或許有些人不想知道真相，單純過一生也並非不可，這只是一種選擇。但若你是個有探索真理的欲望及勇氣的人，給自己一個機會，去拿到那把開啟能力的鑰匙吧！這是一種境界的提升，永恆的喜悅，一直存在。

王博士不會讓你失望的，因為事實的真相就是：「每個人都可以做到。」現在的我，只擔心一件事，那就是：「我永遠無法再退步！」

Case 一種無法言傳的體驗

在學習過王博士各種有趣課程的經驗下，還沒有上課前，心中對於第三階段課程有一種莫名的期待，總認為好像會有更加好玩的內容等待著我。

但是這次課程讓我出乎意料的「平靜」！

坦白說，雖然我能夠體驗到課程中所傳達的「開悟」是什麼樣的感覺，但是始終無法用文字來具體形容。這次課程傳授的不是任何技巧，也不是任何面對事物的觀念和態度，但是在面對煩惱的當下，卻能夠出乎意料的平靜與坦然。

若要說明第三階段課程給我人生中帶來最大的幫助，我最能夠勉強使用文字描述出來的，就是：我們在面對煩惱的時候，可以瞬間「洞見」煩惱的本質，並且從你所編織的故事中「解脫」！

但是如果要說明第三階段課程對我的影響，卻又不只是在解脫煩惱的層面，而是對於整個世界的觀點像是更高一個層級一般，心中能夠很平靜的面對每一件事物，但是卻不是與世隔絕！似乎能夠更游刃有餘的面對一切喜怒哀樂，並且內心感到無比的自由！

之前在上完王博士的課程後，往往都是對於課程內容與應用方法有著無限的想法，唯獨這次課程內容，雖然讓我獲得最多，但卻也是最無法用文字或語言輕鬆表達課後心得！

也許這就是王博士所說的：「開悟」無法口述，只有親自體驗！

上完課程，其實我並不介意自己是否真的達到開悟的境界，但是內心的平靜與無限的喜悅，令我真的對王博士與「自己」感到無比的感激。雖然我很努力企圖具體的表達到底第三階段課程讓我得到了什麼，但我認為這次的「開悟體驗」，是改變我往後人生關鍵中的關鍵！

【放下之後】

「不用心想，一樣事成」的神奇技巧

我們從小就被教導著「天底下沒有白吃的午餐」，以及「要怎麼收穫，先怎麼栽」，我們透過這樣的思考與行動的方式，希望能夠心想事成。但是我觀察到，大多數的人在這過程中，卻往往都太用力了。

牛頓力學是宏觀世界與非高速狀態下研究物體運動的基本學術，這是針對物質世界運作的法則。但如果研究的對象尺度只有原子直徑大小時，就需要引入量子力學。換句話說，這世界並不是只有一個單一運作的方式，但我們往往只使用了我們最習以為常的思維來看待這個世界。

當一件我們渴望的事情還沒發生之前，它是處於「非物質狀態」的，所以並不適用於傳統物質世界的努力方式。緊握的手是無法抓住任何東西的，而這心想事情的祕密，就是在於「不要太用力」，也就是適時與適度的放下。

首先我們要了解到，「外在的狀態只是內在狀態反映的結果」，所以每一個你人生所遭遇的困境，都會有一個內在情緒，也就是負面能量的源頭，它會

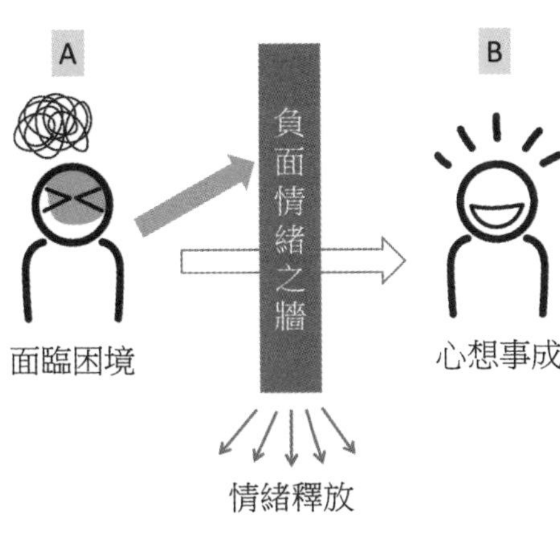

進而產生外在的負面事件。想要心想事成，情緒釋放是最大的關鍵。我們來看看上面這一張圖，這張圖是我自己對吸引力法則的見解與闡釋。

A是目前因為人生遇到了困難而愁眉不展的你，B是因為問題解決了而非常開心的你。

中間的這一道牆，可以把它視做「因為你本身的負面情緒」所累積出來，「阻擋你達到心願」的能量上的障礙之牆。負面情緒越強大，這面牆就越厚實，越難瓦解。這面牆，讓A與B成為了兩個難以跨越鴻溝的平行時空。而我們想要的，就是從A的煩惱解脫，讓自己變成開心快樂的B。

A與B兩個都一樣是你，到底差別在哪呢？答案很簡單，只有情緒狀態上的不同而已。

簡單來說，只要能夠釋放掉「你無法得到」時所產生的負面情緒，而且釋放負面情緒的速度快過它累積的速度，中間的這道牆就會被瓦解，你自然就可以得到你所想要的。換句話說，當你不緊抓時，不用心想，一樣可以事成。

我寫這本書的目的，就是為了讓大家知道，所謂的「放下」，並不是嘴巴說說，而是有實際可操作的技巧的。在我多年鑽研「聖多納方法」以及「EFT情緒釋放技巧」後所融會貫通出的想法與心得，我把它稱為「放下技巧」，也就是本書的主角。這本書集結了我多年學習以及實際操作的經驗與心得，可以讓你少走許多冤枉路。

「透過放下來得到更多」是從小父母與老師們所不知道、也無法教導我們的，而所謂的「心想事成」說穿了就是這麼一回事，其實真的沒有什麼比這個更簡單了。

我們原本就是無限存有，本自具足。我們之所以能有任何的「創造」，其實也只是把原本就已經存在的東西「重新發現」而已，當中根本也沒有創造可言。與其要說什麼「吸引力法則」或是「創造法則」，我認為「看見原有的可能性法則」，這樣的名稱可能會比較貼切宇宙真正運作的方式。

二〇一三年年底，也就是當時這本書出版後約一年左右，我經歷了一場「黑暗靈魂之夜」，這是一個身心靈圈的專有名詞：人生一切原本看似美好順遂，但是卻突然鋪天蓋地的出現了異變，把你的人生打入比最低還低的谷底。

我們身心靈中心的生意變得奇差無比，我的經濟陷入危機，幾乎要付不出公司的房租與自己的房貸。我當時的助理也因為看不到公司的未來而求去，只剩下我自己獨自面對一切。

生命總是有潮起潮落。很多人在低潮時，都會把自己的問題怪罪於別人或是大環境。還好我深諳「放下的力量」，我知道一切的問題來自於當時我自己內在的不安與缺乏安全感，並沒有被外在所影響。

於是我依照自己所學，閉關起來，好好地、一步一步地情緒釋放，放下我對金錢與前途的不安與匱乏。「靈魂黑暗之夜」是宇宙認為你的能力足以升級到下一個階段所給予你的考驗，雖然事情並沒有立刻看到轉機，但是我知道，情緒釋放是當時的我唯一能做、真正對自己有幫助的事。

這場「黑暗靈魂之夜」的歷程約莫三個月。相信我，這是人生最最煎熬的三個月，如果沒有情緒釋放的話，我根本不可能撐下去。

在二〇一四年農曆年前的某一天，我因為情緒釋放完有點累了，於是就稍微靜坐休息一下。這時候腦袋裡突然出現了一些想法：原來，我可以把我原本開設的課程內容，如此、如此……這般、這般地組合與運用……隔天起床後，我迫不及待地找了幾位朋友來做實驗，大家都對這個技巧的效果嘖嘖稱奇。於是，這個透過進入宇宙深層意識來改變世界的「量子轉化」技巧誕生了！

我「看到」了我自己與個案生命中的無限可能，同時，我的人生也從此出現戲劇化的轉變：我從一個自然醫學醫師，成為全職身心靈老師，這是我始料未及的。看似走投無路的人生，卻柳暗花明又一村。這時候我終於體會到什麼叫做「塞翁失馬，焉知非福」。

從「量子轉化」問世到現在的這八年來，我都很感恩當初所學習的情緒釋放技巧，我知道這些技巧是我人生中偉大的寶藏，同時也是每一位習得它的人的寶藏。我很清楚地知道，如果我當初沒有緊抓著這個工具的話，我現在就無法在這裡跟大家分享我生命中的種種美好，更別說幫助到成千上萬的朋友們心想事成。

即使到現在，我能出神入化地使用「量子轉化」，但是其中的奧祕仍然脫離不了「放下／情緒釋放」。我由衷地感謝我自己，當初掌握到了這樣的一門學問，也在此推薦大家。

這神奇的技巧一旦學會了，你隨時都可以幫助自己與別人，這是個讓你終生受用無窮的自我投資。

最後，思考一下，如果你人生目前卡關的難題，能在透過「放下」後，就被輕鬆地解決與克服的話呢？來一起來試試看吧！

晴康中心資訊

臉書社群請搜尋「量子深層意識轉化」（最新資訊都在此）
臉書粉專請搜尋「自然醫學博士王永憲」
官網：http://quantumrichard.com　　部落格：http://drwang.pixnet.net

晴康身心靈中心
電話：(02) 8773-6818（週一到週五 13:00-21:00 開放來電）
Email：pingshun168@gmail.com

＊恕不接受當日預約，也不處理被作法、詛咒、卡陰、靈煞等相關問題。
＊量子轉化遠距請一律以電子信箱聯絡。請勿使用臉書私訊，臉書私訊將不會得到任何回覆。

更多關於量子轉化的資訊及個案分享，請參考晴康中心官方網站：
http://quantumrichard.com/?page_id=58

國家圖書館出版品預行編目資料

放下的力量：不用心想,一樣事成/王永憲著. -- 二版-- 臺北市：商周出版：英屬蓋曼群島商家庭傳媒股份有限公司城邦分公司發行, 2022.04
面； 公分. -- (Open mind ; 26)

ISBN 978-626-318-248-6(平裝)

1.CST: 修身 2.CST: 生活指導

192.1 111004528

Open Mind 26

放下的力量：不用心想，一樣事成

作　　者／王永憲
企畫選書人／
責任編輯／徐藍萍
特約編輯／謝函芳

版　　權／黃淑敏、吳亭儀、江欣瑜
行銷業務／周佑潔、黃崇華、華華
總 編 輯／徐藍萍
總 經 理／彭之琬
事業群總經理／黃淑貞
發 行 人／何飛鵬
法律顧問／元禾法律事務所　王子文律師
出　　版／商周出版　台北市南港區昆陽街16號4樓
電話：(02) 25007008　傳真：(02)25007759
E-mail：bwp.service@cite.com.tw
發　　行／英屬蓋曼群島商家庭傳媒股份有限公司 城邦分公司
台北市南港區昆陽街16號8樓
書虫客服服務專線：02-25007718；25007719
24 小時傳真專線：02-25001990；25001991
服務時間：週一至週五上午 09:30-12:00；下午 13:30-17:00
劃撥帳號：19863813；戶名：書虫股份有限公司
讀者服務信箱：service@readingclub.com.tw
香港發行所／城邦（香港）出版集團有限公司　香港九龍土瓜灣土瓜灣道 86 號順聯工業大廈 6 樓 A 室
E-mail: hkcite@biznetvigator.com　電話：(852)25086231　傳真：(852)25789337
馬新發行所／城邦（馬新）出版集團 Cite (M) Sdn. Bhd.
41, Jalan Radin Anum, Bandar Baru Sri Petaling, 57000 Kuala Lumpur, Malaysia.
Tel: (603) 90578822　Fax: (603) 90576622　Email: cite@cite.com.my

封面設計／張燕儀
排　　版／極翔企業有限公司
印　　刷／卡樂彩色製版印刷有限公司
總 經 銷／聯合發行股份有限公司 電話：(02) 29178022　傳真：(02) 29156275

■2012年 12月28日初版
■2022年 04月14日二版
■2024年 07月26日二版1.6刷
定價350元

Printed in Taiwan

城邦讀書花園
www.cite.com.tw

 ISBN 978-626-318-248-6